COLOR & FOOD STYLING

색채와 푸드스타일링

김민기 · 조효현 · 허 정 공저

도서출판 효 일
www.hyoilbooks.com

머·리·말

오늘날 생활이 다양해지고 풍요로워지면서 다른 나라의 음식과 문화들이 실시간으로 소개되고, '웰빙' 을 추구하는 친환경 레스토랑들도 많이 생겨나고 있다. 이것은 먹는 즐거움을 넘어 정신적, 육체적 풍요로움을 추구하는 현대인들의 새로운 라이프스타일이라 할 수 있다.

현대인에게 있어서 훌륭한 음식이란 혀끝의 즐거움을 넘어 시간과 장소에 알맞게 '스타일링' 된 것이라 해도 과언이 아니다. 특히, 푸드스타일링에 있어서 기본이 되는 것이 바로 '색채' 에 대한 이론이다. '좀 더 쉽고 효과적으로 음식의 색을 조화롭게 할 수 있는 방법은 무엇인가?' 에 관하여 고심한 끝에, 푸드스타일링과 색채에 관한 기초와 활용법이 담긴 서적을 출간하게 되었다.

색채는 단지 미술이나 디자인에 국한된 것이 아니라, 음식에서는 보는 이로 하여금 가장 먼저 그 음식을 즐길 것인지를 결정짓게 하는 기본요소라 할 수 있다. 얼마 전까지만 해도 우리나라에서는 컬러푸드(color food) 열풍이라 해서 과일이나 채소 등의 음식에서 색소가 갖는 영양학적 의미를 고찰하는 것이 선풍적인 화두가 되기도 했고, 이것을 이용한 다양한 요리들이 선보여지기도 하였다. 이처럼 색채는 영양을 넘어 마케팅에서 없어서는 안 될 중요한 요소로 작용하기도 한다.

이렇게 중요한 요소인 '색채' 가 푸드스타일링에서는 매우 감각적이고 추상적이라는 이유로 등한시되고 있었던 것이 사실이다. 실례로 우리가 중고등학교 시절 배웠던 빛의 삼원색, 물감의 3원색에서 멈춰 더 이상 색채의 화려한 매력에 도달하지 못했던 것이 사실이다. 하지만 색채는 아주 기본적인 지식만을 습득하여도 활용할 수 있는 이미지가 매우 많은 것이 사실이다. 또한 색채의 연금술이라고 해도 과언이 아닐 만큼 배색의 효과만으로도 음식을 먹음직스럽게 만드는 효과적인 수단으로 변모할 수 있는 것이 바로 색채의 힘이다. 이와 같이 색채는 고루하고 어려운 학문이 아닌 우리가 직접 스타일링하고 다룰 수 있는 소프트웨어 중의 하나인 것이다.

이 책의 구성을 간단히 살펴보면, 크게 두 개의 part로 구성되어 있다. Part 1의 구성은 다음과 같다. 제1장과 제2장에서는 푸드스타일링에서 색채의 중요성과 함께 꼭 알아야 할 기본 배색기법에 관한 내용을 수록하였고, 제3장에서는 효과적인 색채계획(color planning)을 하는 목적과 방법론을 제시함으로써 보다 합리적인 푸드스타일링 설계가 이루어질 수 있도록 하였다.

또한 제4장에서는 스타일링에 있어서 사진의 기초 지식을 수록하고, 사진촬영을 위한 장비와 사진기법에 관한 이론들을 수록함으로써 사진촬영에 있어 기본적인 스타일링이 가능하도록 하였다.

Part 2에서는 Part 1에 해당하는 학습내용을 (주)종이나라에서 생산한 'IRI120색종이'를 이용하여 직접 오려 붙이며 실습할 수 있도록 고안된 실습지를 수록하였다. 이를 통해 혼자서도 쉽게 배색의 기초를 다질 수 있고 기본적인 푸드스타일링을 할 수 있도록 한 것이 이 책의 가장 중요한 핵심이라 할 수 있다.

순서대로 따라서 배색을 해 나가다 보면 자신도 모르는 사이에 색채의 기본지식을 습득하여 일취월장으로 나아진 푸드스타일링이 가능해질 것이다.

이 책이 나올 수 있도록 힘써 주신 효일출판사의 모든 관계자분들께 진심으로 감사하다는 말씀을 전하고 싶다. 또한 밤샘작업에도 불평불만 없이 도와준 가족에게도 고맙다는 말을 전하고 싶다.

저자 일동

차·례

Color & Food Styling

Part 01 색채와 푸드스타일링

1. 푸드스타일링과 색채

2. 푸드스타일링을 위한 배색의 기초

3. 푸드 스타일링 색채계획

4. 사진기법과 색채

색채경험은 개인의 사고방식이나 문화적인 배경 또는 지역이나 풍토의 영향을 받아 서로 다르게 지각되는 속성을 지닌다. 또한 물리적인 특성이 같다 하더라도 받아들이는 사람의 심리상태에 따라서도 주관적인 색채현상으로 지각하게 된다.

이와 같이 서로 다른 색채감각을 보다 객관화하면서도 쉽게 사용할 수 있는 소프트웨어로 활용하기 위해서는 무엇보다 색채의 기본속성을 아는 것이 중요하다. 더불어 색의 재료가 되는 안료와 색소, 색명(色名) 등을 익히도록 하자.

1. 푸드스타일링과 색채

(1) 식품에서 색의 중요성

(2) 색이란 무엇인가

(3) 색의 삼속성

(4) 색조(Tone)

(5) 색의 혼합의 원리

(6) 색의 대비와 동화

(7) 식물의 색소

(8) 천연색소

(9) 색명의 원리

01

"보기 좋은 떡이 먹기도 좋다."라는 속담에서 보이듯, 음식에서 색채는 미감인 맛(味) 못지않게 중요한 요소로 작용하고 있다. 좋은 요리라고 하면, 대(代)를 이어 내려오는 맛의 기술을 살려 오감을 만족시킬 수 있는, 예술작품의 경지에 이른 음식을 지칭한다고 할 때 아름다우면서도 맛이 있는 음식이야말로 최고의 요리라고 할 수 있는 것이다. 따라서 푸드스타일링에서 무엇보다 중요한 것은 음식의 맛과 시각적인 아름다움이 서로 긴밀히 조화되는 것이라 할 수 있다.

Food

(1) 식품에서 색의 중요성

우리나라의 음식문화는 예로부터 음양오행의 원리에 의해 육류와 채소들이 조화를 이뤄 문화적으로나 영양 면에서 보았을 때, 매우 우수한 전통을 가지고 있었다. 이것이 개화기를 거쳐 1960~1970년대를 지나면서, 생활에서의 식(食)문화가 의식주 중에서도 가장 중요한 대상이 되는 시대 또한 있었다. 현대에는 다양해진 라이프스타일의 대두로 여러 가지 식문화가 존재한다. 예를 들면, 웰빙(well-being)을 추구하는 생활패턴이라든지 혹은 아침과 점심 중간 즈음에 즐기는 '브런치(brunch)'와 같은 문화는 현대 감각을 잘 대변해주는 라이프스타일인 것이다.

생활이 다양화되고 고급화되면서 우리의 식문화는 단순히 '먹는다'를 떠나서 음식의 영양이나 시각적인 아름다움을 추구하는 식문화로 바뀌어 가고 있다. 이는 푸드 코디네이션을 통해 보다 고급화되어 가는 과정으로, 음식을 예술로서 기획하는 푸드 데코레이션을 추구하는 단면이라 하겠다. 따라서 음식을 시각적으로 아름답게 만들고 식욕을 돋우어 줄 수 있는 테이블세팅이나 식기, 레스토랑의 인테리어 등을 이용한 코디네이션이 중요한 과제가 되고 있다.

인간이 음식을 섭취할 것이냐를 판단하는 기준인 기호적인 가치 중에 시각적인 면이 약 80% , 향(냄새)이 약 10%, 맛이 약 5%, 기타가 5% 정도를 차지한다고 한다.

따라서 음식을 좀 더 아름답고 맛있어 보이도록 디자인하기 위해서는 우리의 공감각적 감정효과를 불러일으킬 수 있는 요소를 적극 활용하여 데코레이션해야 한다. 여기서 보다

중요한 것이 바로 '색채'의 기본을 바로 알고 스타일링하는 것이다. 색(色)은 단순히 미술 분야에 국한된 것이 아니라 모든 조형예술의 기본으로서, 앞으로 음식이 발전하는 분야로 거듭나게 될 기본 요소라고 할 수 있다.

우리나라에서는 Food coordinator라는 용어를 잡지사에서 음식에 관련된 스타일리스트를 가리켜 흔히 사용하고 있다. 그러나 Food coordinator는 단지 잡지사에만 국한된 것은 아니며, 음식과 관련된 일을 하며 특히 조리된 음식을 가장 돋보이게 할 수 있도록 색상과 형태, 또한 테이블 위에 놓인 모든 요소들을 조정하는 사람을 말하는 것이다.

스타일링을 할 때 가장 기본이 되는 것은 미(美)의 본질을 잘 알고 이를 표현하는 것이다. 과도한 장식과 천편일률적인 스타일만을 고집해서는 안 되며, 가능한 한 그 시대의 문화의 흐름을 잘 살려 사람들의 생활을 한층 업그레이드시킬 수 있는 디자인을 해야 하겠다.

(2) 색이란 무엇인가

우리는 비가 개인 하늘에 구름 사이로 비치는 태양빛으로 인해 가끔 우리는 빨, 주, 노, 초, 파, 남, 보의 무지개를 발견하곤 자연의 아름다움을 새삼 깨닫게 된다. 또 일상에서는 무심코 지나친 하늘의 붉은 노을을 보면서 '참 아름다운 빛깔이야…' 라고 생각하기도 한다. 이처럼 우리 인간은 빨강, 노랑, 파랑과 같은 색을 지각하고 있다.

하지만 이처럼 우리 인간이 지각하고 있는 색채는 인간의 시각기관인 눈의 특성으로 인해 찬란한 색감을 인지할 수 있지만, 이와는 달리 개나 고양이, 대부분의 포유류들은 인간과는 다른 눈의 구조로 인해 대부분은 흑백사진과 같이 세상을 바라보고 있다. 또한 벌이나 파리, 잠자리와 같은 곤충들은 세상을 모자이크 처리를 하여 바라봄으로써 존재하는 것보다 대상을 훨씬 크게 인식하도록 시각기관이 발달하였다고 한다.

이렇게 세상에 존재하는 많은 색들은 빛이라는 매개체를 통해 색채로 거듭나게 된다. 아무리 대상이 존재한다 해도 그것을 밝게 비추는 빛(광원, 光源)이 없다면 암흑으로 아무것도 보이지 않기 때문이다.

과학적으로 색이란 빛의 파장을 의미하고, 그것이 인간의 눈을 통하여 머릿속에 지각된 것을 색채(色彩)라고 한다.

① 색채지각의 3요소

색이 보이기 위해서는 반드시 필요한 3가지 조건이 있다. 앞에서도 언급했던 빛의 파장인 빛에너지(light)가 필요하고, 그 빛을 받는 대상인 물체(object), 그리고 빛에너지를 감지하는 눈이 필요하다.

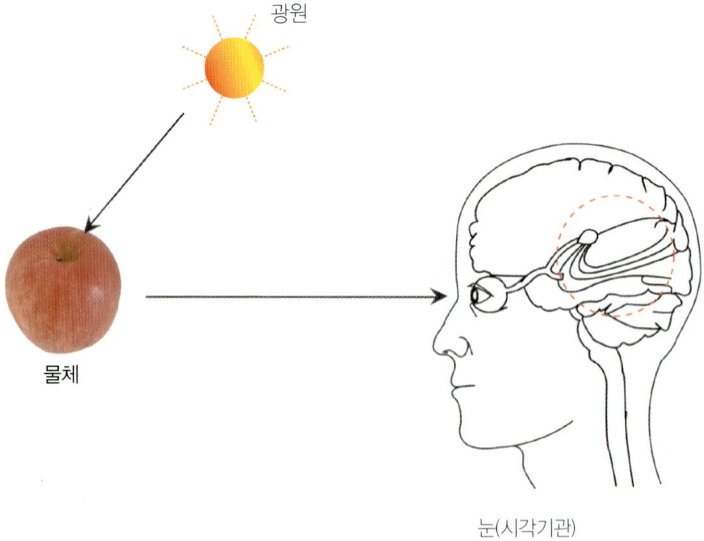

■■ 빛과 색채

한줄기 빛을 유리나 스펙트럼(spectrum)과 같은 물체에 비춰보면 무지개와 같은 빛의 현상이 나타나는 것을 볼 수 있다. 이것을 처음 실험으로 규명해 낸 사람이 만유인력의 법칙을 발견한 '뉴턴(Isaac Newton)'이다. 뉴턴은 빛이라는 파장은 굴절하는 각도가 다르다는 것을 알고, 프리즘을 이용하여 빛을 분광시켜 보았다. 그리하여 각 파장별로 분광된 빛에 따라 각기 다른 색감을 드러내게 된다는 사실을 알아냈다.

이처럼 물체의 색은 빛이 그 물체에 닿아 반사, 흡수, 투과 현상에 의해 색채현상이 나타난다. 와인 잔과 같은 반투명한 물체에서는 붉은색만 반사하여 우리 눈에 와인 빛깔이 보이게 되고, 하얀 구름과 같은 물체는 빨, 주, 노, 초, 파, 남, 보의 모든 색을 반사함에 따라 다시 흰색으로 보이게 되는 것이다.

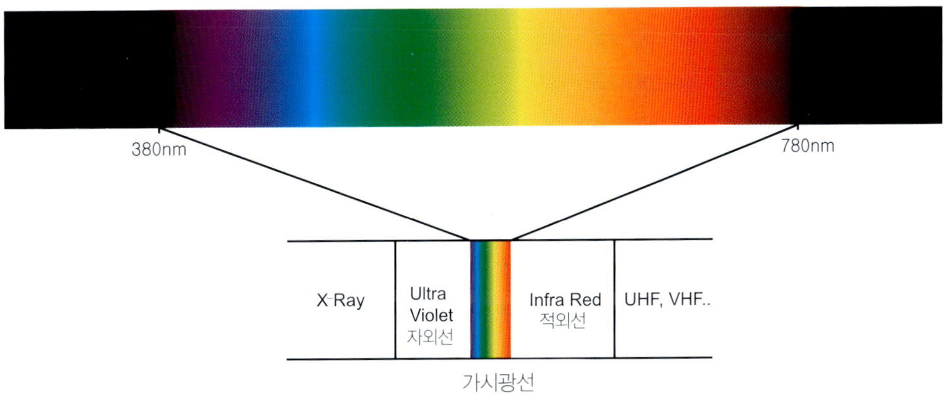

태양이나 촛불과 같이 빛을 방사하는 물체를 광원(光源)이라고 한다. 우리가 일상생활에 많이 사용하고 있는 형광등이나 백열등, 할로겐등이 그것인데, 광원마다 각기 독특한 색감을 발산하게 된다. 형광등과 같은 광원은 우리의 눈이 형광등에 적응이 되어 색감의 뉘앙스를 느끼지 못하지만, 다음 그래프와 같이 각 파장별 방사에너지를 비교해 보면, 단파장의 푸른빛이 많이 방사되고 있음을 알 수 있다. 또 백색광등은 장파장의 주황색 영역을 많이 포함하고 있으므로 따뜻한 느낌이 든다.

자연광

백열등

형광등

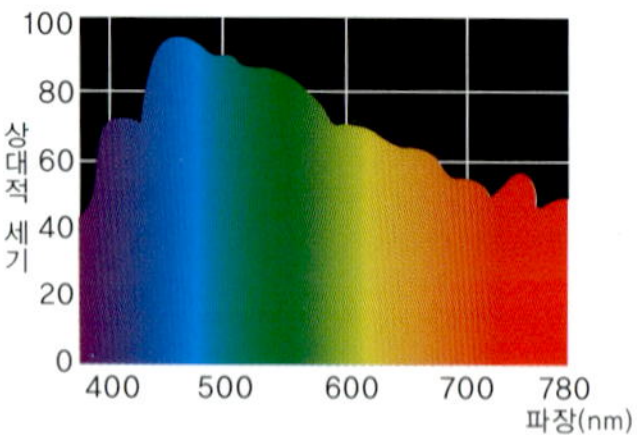

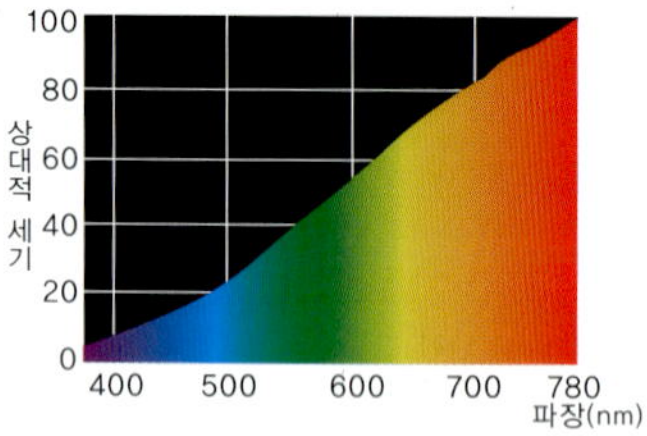

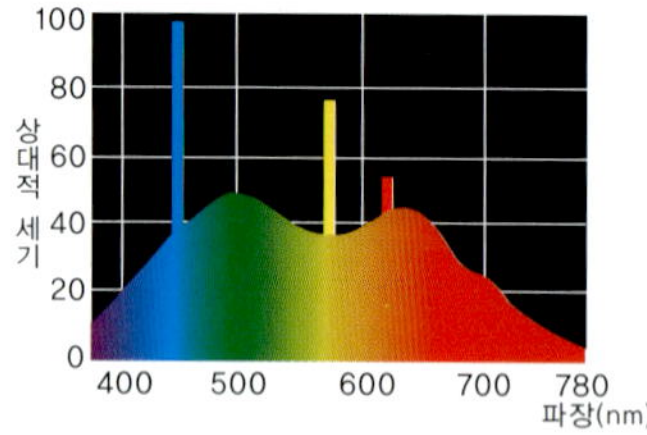

눈의 구조

빛을 받아들이는 기관인 눈은 뇌의 일부분으로 외부에서 들어온 빛에너지를 망막에 투사시켜 전기에너지로 변환한다. 그런 다음 뇌의 외측슬상핵(lateral geniculate nucleus)에 전달된 정보가 비로소 색채로 인식되게 된다. 안구의 직경은 약 24mm 정도의 크기로 백색의 불투명한 표면으로 감싸여 있다.

빛은 각막을 지나 수정체에서 물체의 초점을 맞추어 상을 정확하게 맺히도록 하고, 수정체를 통해 굴절된 상이 맺히는 곳인 망막표면에는 추상체(cone cell)와 간상체(rod cell)가 있어 색상이나 명암을 판단하게 된다.

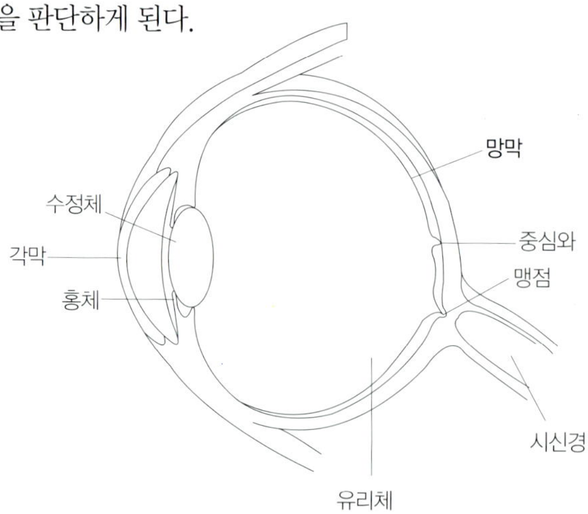

(3) 색의 삼속성

사람마다 조금씩 다르게 인식하는 감각적인 색을 체계적으로 정리하고 분류하려는 시도를 많은 색채학자들이 해왔다. 그중에서도 **색상**(色相, Hue), **명도**(明度, Value), **채도**(彩度, Chroma)라는 3가지 속성으로 색을 정의하는 것을 **색의 삼속성**이라고 한다.

일반적으로 색을 분류해보면 여러 가지 속성으로 나눠볼 수 있다. 우선 빨강, 노랑과 같이 색감을 가진 것과 흰색, 회색, 검정과 같이 색상의 뉘앙스는 없고, 밝고 어두움만을 가진 색들도 있다. 이렇게 색감을 가진 것을 **유채색**(chromatic color)이라고 하고, 흰색, 회색, 검정을 **무채색**(achromatic color)이라고 한다.

■■ 색상(Hue)

색에서 빨강, 노랑, 파랑과 같은 속성을 말한다. 이것은 유채색만이 가진 속성으로서 특성이 비슷한 색끼리 둥글게 배치한 것을 색상환(color circle) 또는 색환이라고 한다.

미국의 색채학자 알버트 먼셀(Albert Munsell)은 기본적인 색상을 빨강(Red), 노랑(Yellow), 초록(Green), 파랑(Blue), 보라(Purple)의 5색을 기준으로 하고, 이 중 두 색을 섞은 중간색인 주황(YellowRed), 연두(GreenYellow), 청록(BlueGreen), 남색(PurpleBlue), 자주(RedPurple)까지 10색상을 기본색으로 규정하였고, 한국 KS산업규격에서도 기본 10색으로 채택하였다.

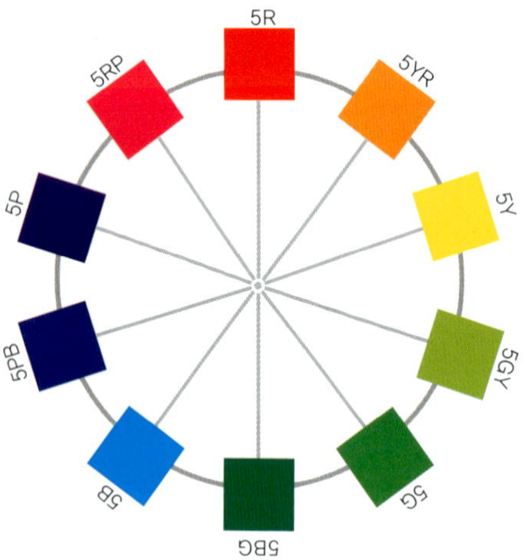

▲먼셀의 10색상환

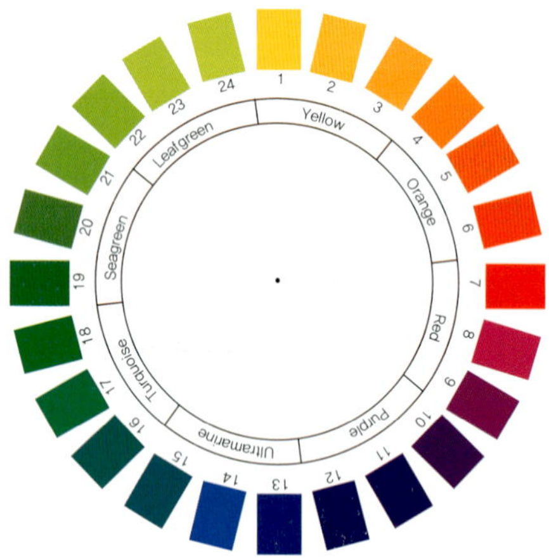

▲오스트발트 색상환

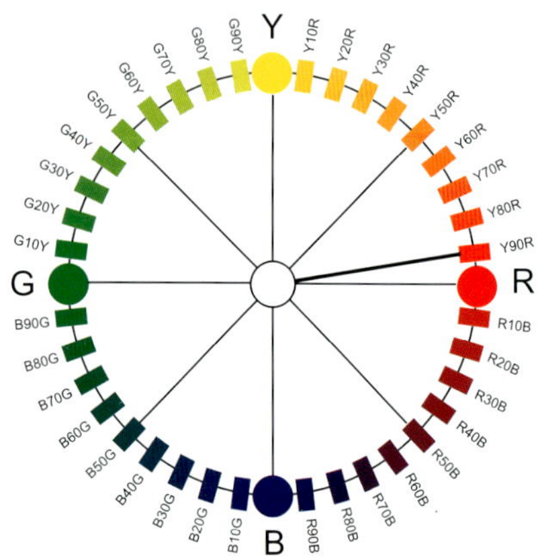

▲NCS 색상환

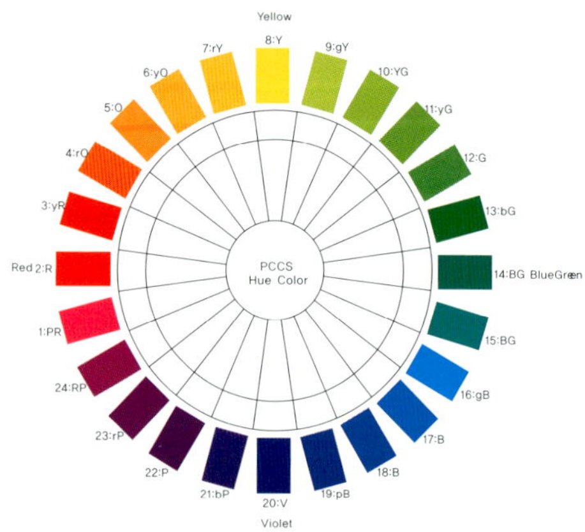

▲PCCS 색상환

명도(Value)

명도(明度)란 색의 밝고 어두움의 척도를 말하며, 유채색과 무채색 모두 각 색들은 명도의 척도를 가지고 있다. 명도는 눈이 제일 예민하게 반응하며, 그 정도에 따라 저명도, 중명도, 고명도로 구별하고 있다. 현실에는 없는 이상적인 검정을 1로 이상적인 흰색을 10으로 규정하고, 이것을 시각적으로 균등한 흐름이 되도록 분할하여 각 단계를 나누게 된다. 먼셀은 현실에서 재현할 수 있는 1.5~9.5까지의 단계를 그림과 같이 10단계로 구분하였고, 무채색인 Neutral의 N과 숫자를 이용하여 기호로 사용한다.

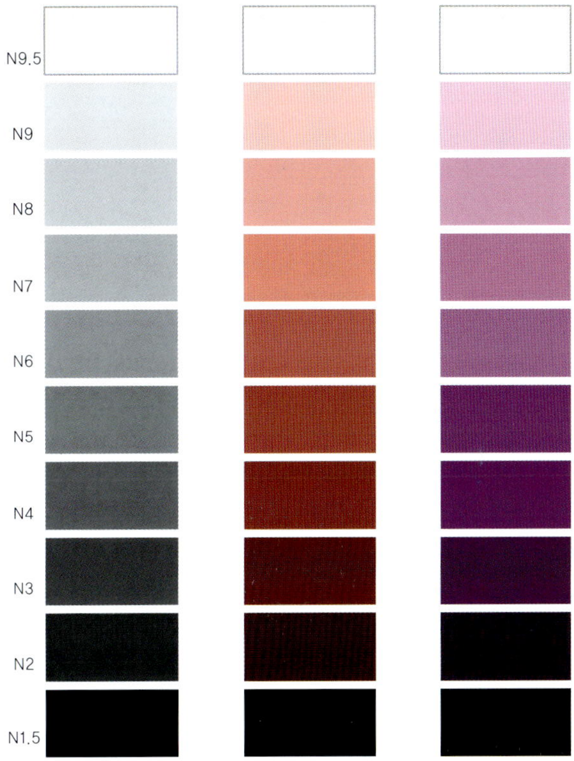

무채색 명도 10단계　　유채색의 명도 단계의 예

채도(Chroma)

채도(彩度)란 색의 맑고 탁한 정도를 나타내는 것으로, 선명한 순색과 무채색을 비율별로 나타낸 값을 말한다. 먼셀의 경우 무채색의 채도를 0으로 보았을 때 조금씩 원색의 양을 추가하여 지각적 등보도성을 가지도록 하고 2단계씩 변화하도록 설정하였다. 또한 색상마다 채도가 다르다는 점을 감안하여 차이를 두어 같은 선명한(Vivid) 톤이라도 빨강의 경우는 16까지, 파랑의 경우 9단계까지로 채도를 나타내고 있다.

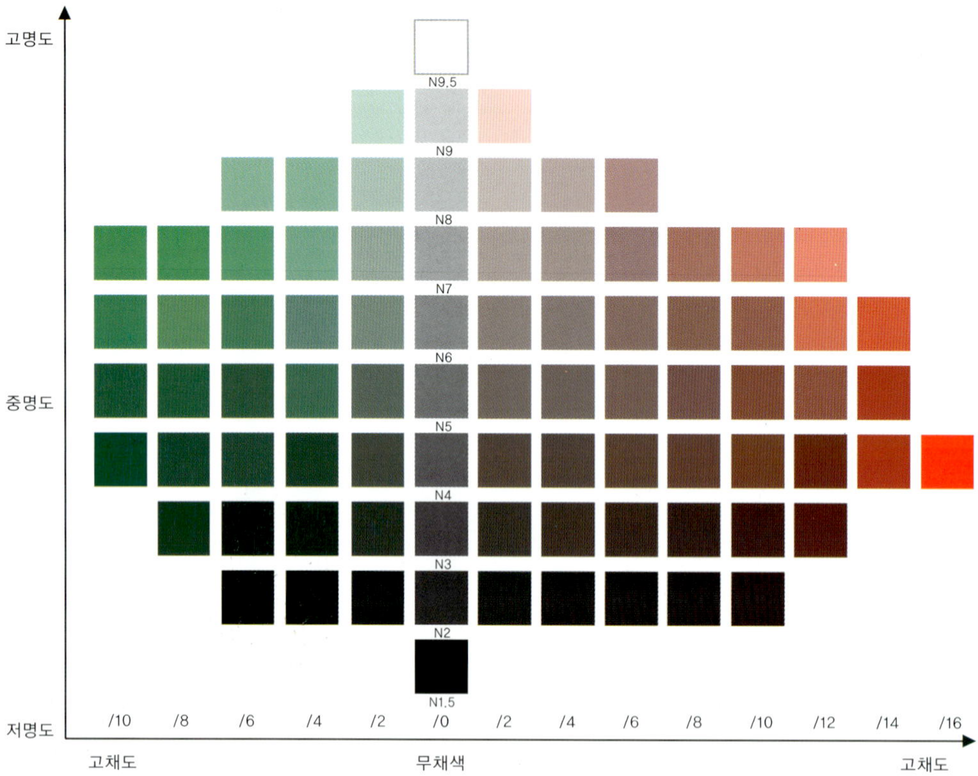
고명도
중명도
저명도
N9.5
N9
N8
N7
N6
N5
N4
N3
N2
N1.5
/10 /8 /6 /4 /2 /0 /2 /4 /6 /8 /10 /12 /14 /16
고채도
무채색
고채도

먼셀의 수직단면도

(4) 색조(Tone)

색조란 명도와 채도의 복합개념으로서 순색과 흰색, 검정을 혼합하여 명암, 강약, 심도 등의 뉘앙스를 분류한 용어로 Hue & Tone 120체계에서는 총 11가지의 분류를 사용하고 있다.

먼저 순색인 Vivid 톤에 화이트를 혼합하면 그 양에 따라 Bright, Pale, Very Pale 톤들이 만들어지고, 순색인 Vivid 톤에 블랙을 혼합하면 Deep, Dark 톤 들이, Vivid 톤에 그레이를 혼합하면 Strong, Light, Dull, Light Grayish, Grayish가 만들어진다.

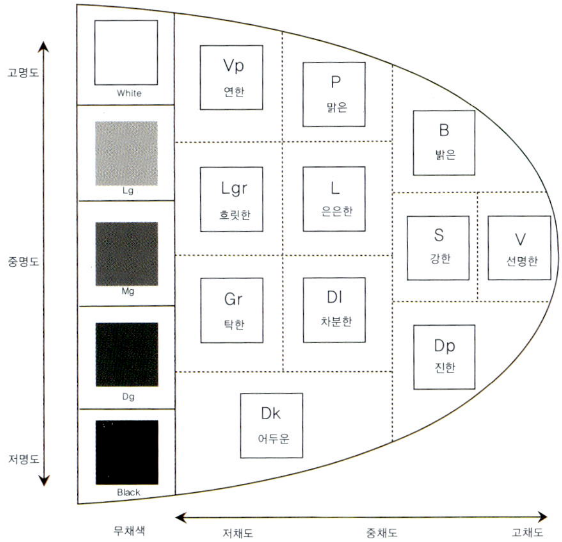

▲11가지 톤

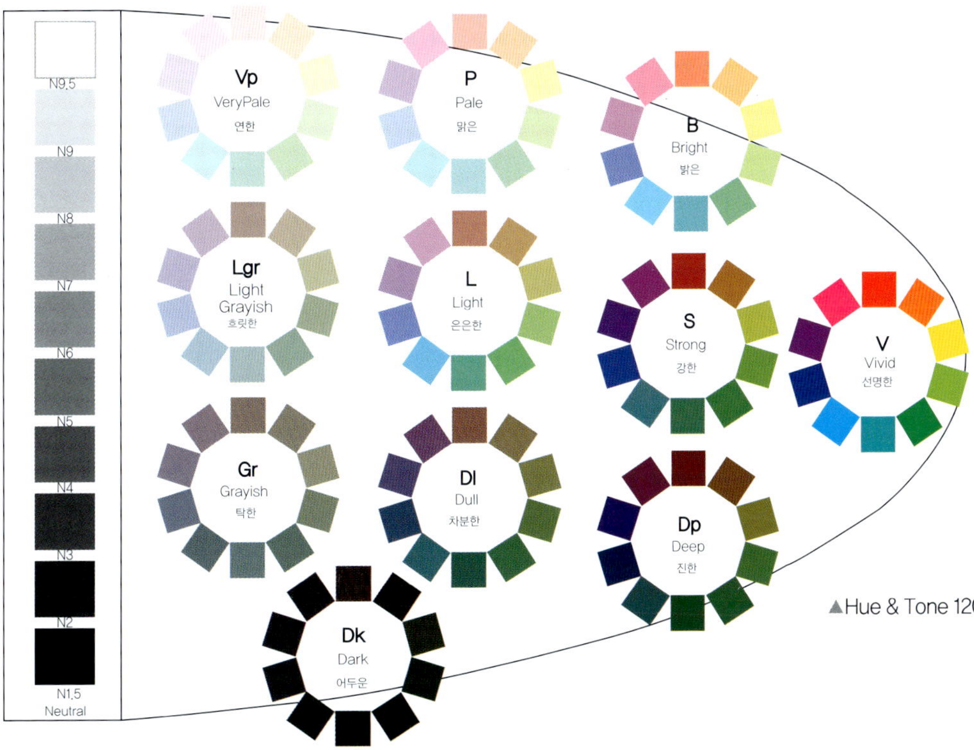

▲Hue & Tone 120

TIP IRI 종이나라 색종이

우리가 색지로 사용하는 종이나라에서 나온 IRI120색종이는 한국인의 색채감성적 특징을 반영하여 디자인에의 활용성을 높일 수 있도록 개발된 색지로서 산업자원부의 지원사업으로 IRI(Image Reserch Institute)와 공동 개발하여 제작되었다.

주로 디자인 및 모든 미술활동에 기초가 되는 여러 가지 배색을 공부하는 데 적합하게 제작되었으며 미국의 색채학자 먼셀(Albert H. Munsell)이 정리한 색의 3속성 및 전미색채협의회(Inter Society Color Council)와 전미국가표준국(National Bureau of Standards)이 공통으로 검토했던 색명법ISCC-NBS의 체계를 기준으로 제작되었다.

색지의 종류는 크기별로 다양하게 출시되고 있으며 2cm 폭, 5.8cm 폭, 13.4cm 폭까지 다양하다. 색종이는 먼셀 기본 10색상이 11가지 톤(Tone)별로 배치되어 있으며, 색종이 뒷면에는 0.5cm 간격의 모눈 표시가 되어 있어 뒷면을 보고 자르면 크기에 맞게 잘라 사용하기 편하다.

2cm 폭

5.8cm 폭

13.4cm 폭

색종이의 뒷면에 쓰인 기호는 색종이 1~120번까지의 순서 중 한 가지 번호와 색상기호/톤의 기호로 되어 있어 해당색의 번호를 찾아 사용하면 된다.

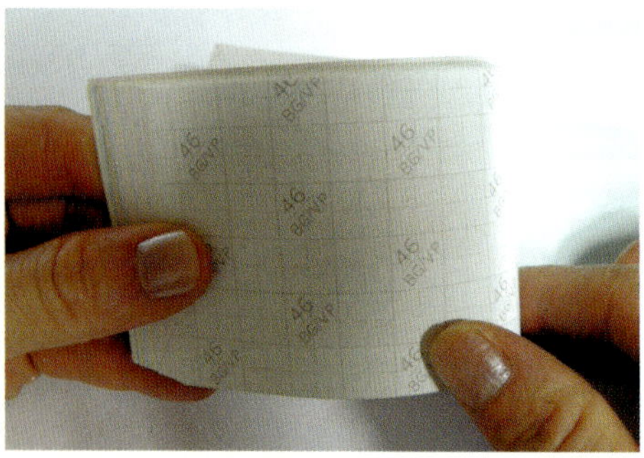

TIP Hue & Tone 120

Hue & Tone 120은 IRI 종이나라 색종이를 표로 간략하게 체계화한 것으로, 가로줄에는 먼셀의 기본 10색상의 기호인 R, YR, Y, GY, G, BG, B, PB, P, RP가 놓여 있고, 세로줄에는 11가지 색조(톤, Tone)가 순서대로 놓여 있다. 따라서 각 색상에 대한 색조의 변화를 한눈에 알기 쉽고, 색상과 톤이라는 2가지 속성으로 나타내어 배색을 함에 있어 보다 용이하게 사용할 수 있다.

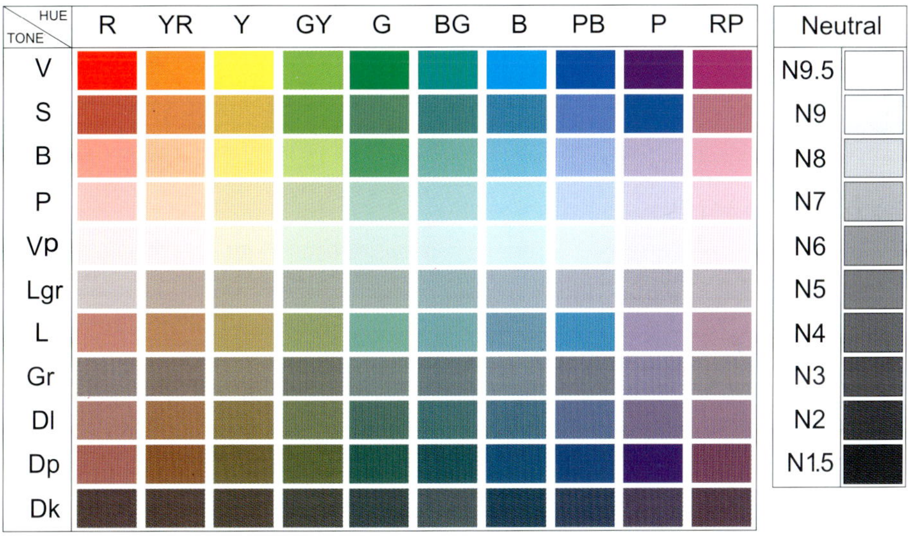

(5) 색의 혼합의 원리

2가지 이상의 색을 섞으면 새로운 2차색이 만들어지는데 이것을 색의 혼합(color mixing)이라고 하며, 색재(色材)에 따라 빛을 혼합하는 가법혼합과 물감을 혼합하는 감법혼합이 있다. 또한 인상파 화가들이 즐겨 사용했던 점묘화법이나 원반 위에 색을 칠한 후 고속으로 돌렸을 때 혼색된 것처럼 보이는 중간혼합의 방법들도 있다.

① 가법혼합(Additive color mixture)

가법혼합(가색혼합, 가산혼합, 빛의 혼합, 플러스혼합)은 빛을 섞는 혼합의 원리로서 빛의 3원색은 빨강(Red), 초록(Green), 파랑(Blue)이다. 일반적으로 RGB컬러라고 말하는 것인데, 이 빛의 삼원색을 비율에 따라 달리 혼합함으로써 원하는 모든 색을 만들 수 있다. 눈에 들어오는 빛의 양이 혼합에 의해 증가하여 명암이 밝아지는 것이 특징이다.

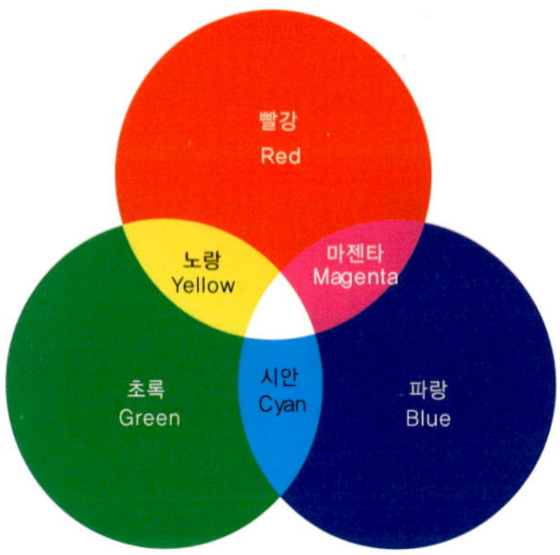

▲가법혼합

빨강(Red) + 초록(Green) = 노랑(Yellow)
초록(Green) + 파랑(Blue) = 시안(Cyan)
파랑(Blue) + 빨강(Red) = 마젠타(Magenta)
빨강(Red) + 초록(Green) + 파랑(Blue) = 백색(White)

② 감법혼합(Subtractive color mixture)

일반적으로 물감을 혼합해보면 2차색의 명암이 어두워지는 것을 볼 수 있다. 이것은 빛을 받은 물체가 그 빛을 선택적으로 반사하고 나머지 빛은 흡수하기 때문에 가법혼합과는 상이한 결과를 가져온다. 물감에 있어서 없어서는 안 될 원색을 찾아보면, 일반적으로 물감의 3원색이라고 불리는 빨강(Red), 노랑(Yellow), 파랑(Blue)이다. 정확히 말하면 빨강은 약간 보라

띤 빨강으로 마젠타(Magenta)를 가리키며, 노랑은 레몬 옐로우와 같은 노랑(Yellow)을, 파랑은 하늘색을 띤 파랑으로 시안(Cyan)을 가리킨다. 이 삼원색을 모두 혼합하면 검정에 가까운 회색이 된다.

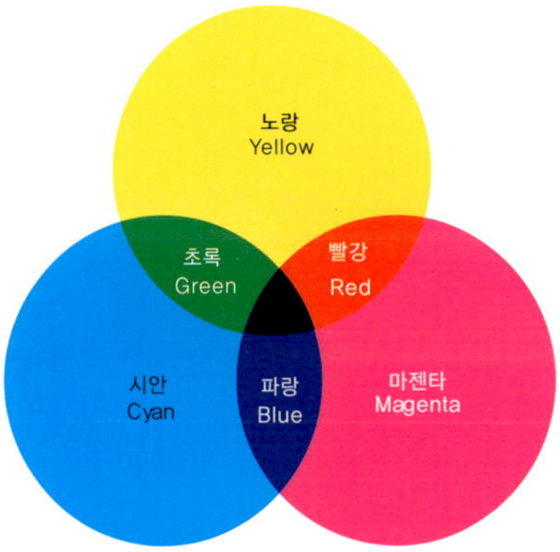

▲감법혼합

마젠타(Magenta) + 시안(Cyan) = 파랑(Blue)
시안(Cyan) + 노랑(Yellow) = 초록(Green)
노랑(Yellow) + 마젠타(Magenta) = 빨강(Red)
마젠타(Magenta) + 시안(Cyan) + 노랑(Yellow) = 검정(Black)

③ 중간혼합(Mean color mixture)

중간혼합에는 회전혼색과 병치혼색 두 가지가 있다. 이것은 실제로 색을 혼합한 것이 아니라 각각의 색이 눈의 망막을 자극하여 혼합된 것으로 보이게 되는 일종의 착시라 할 수 있다. 직물을 짤 때 씨실과 날실을 각기 다른 색상으로 직조하게 되면 전체의 색조가 변화됨을 잘 알 수 있다.

쇠라(Georges Seurat, 1885~1941)-그랑자드 섬의 일요일 오후(점묘화)

베졸드 효과(Bezold effect)

회전혼합

(6) 색의 대비(Contrast)와 동화(Assimilation)

색은 단독으로 존재할 때와는 달리 다른 색과 인접해 있는 경우 두 색이 서로의 영향으로 고유의 색과는 다른 색으로 보이게 되는데, 이것은 인접한 색의 색상, 명도, 채도의 조건에 따라 여러 가지 심리적 효과를 나타낸다. 두 가지 색이 크게 차이가 나 보이는 현상을 색의 대비현상이라 하고, 두 색상이 서로 영향을 주고받아 인접색과 비슷해 보이는 현상을 색의 동화현상이라고 한다.

① 색상대비

색상대비란 같은 색을 각기 다른 색상 위에 올려놓았을 때 그 색상이 크게 차이 나 보이는 효과를 말한다. 예를 들면, 주황색을 빨간색 위에 올려놓게 되면 원래 주황보다 더 노란 기미가 도는 주황색으로 보이게 되고, 주황색을 노란색 위에 올려놓으면 붉은 기미가 도는 주황색으로 보이게 되는 현상이다.

▲색상대비

② 명도대비

명도가 서로 다른 배경색에 의해 원래의 색보다 명도 차가 더 커 보이는 효과를 말한다. 다음 그림과 같이 같은 명도의 회색을 각기 밝은 회색과 검정바탕색 위에 올려놓으면, 밝은 회색 위에 있는 회색은 원래의 회색보다 더 어두워 보이게 되고, 검정바탕 위에 놓인 회색은 더 밝게 보이게 된다.

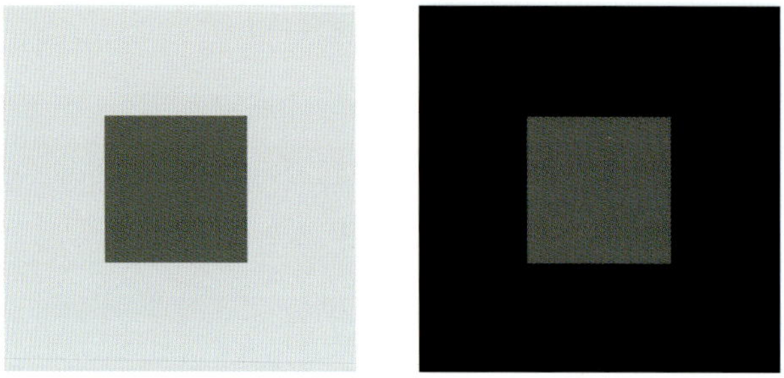

▲명도대비

③ 채도대비

채도가 다른 색 위에 놓인 중채도의 색은 같은 색일지라도 채도의 차이가 다르게 보이게 된다. 예를 들어, 중채도의 보라색을 고채도 위에 올려놓을 때와, 저채도 위에 올려놓았을 때를 비교해 보면 배경색과 반대방향으로 채도가 변화되는 것을 관찰할 수 있다.

▲채도대비

④ 면적대비

면적대비란 같은 색이라도 면적이 넓은 공간에 칠해져 있는 색과 작은 면적의 색에서 각기 다른 느낌을 갖게 되는 것을 의미한다. 주로 면적이 넓어지게 되면 채도가 높아보이게 되고 명도 또한 밝아 보이는 현상이 일어난다. 따라서 의상실에서 작은 샘플 천으로 원단을 고를 때와 집 안의 벽지, 아파트의 외장색채 등을 고를 때에는 이 면적대비에 의한 색감의 상승효과를 늘 감안해야 한다.

▲면적대비

⑤ 동화현상

두 색이 서로 영향을 주어 색상, 명도, 채도가 평균적으로 변해 보이는 효과를 말한다. 가는 흰색과 파란색으로 된 스트라이프 줄무늬를 멀리서 보게 되면 하늘색으로 보이는 현상이 바로 그것이다.

면적이 가늘수록 동화현상이 일어난다.

반대로 면적이 넓어지면 대비효과가 나타난다.

(7) 식물의 색소(色素, Pigment)

식품 고유의 색깔은 꽃 · 잎 · 줄기 · 수피(樹皮) · 재(材) · 종자 등 식물체의 각 부분에 어떤 색소를 가지고 있는가에 따라 여러 가지 색으로 표현된다. 식물성 식품에 가장 널리 분포되어 있는 것은 클로로필과 플라보노이드, 카로티노이드계가 대표적이다. 예를 들면 포도나 딸기, 당근이나 양파껍질의 갈색을 내는 색소가 그것이다.

① 클로로필(Chlorophyll)

클로로필은 천연 비타르계 색소 중 포르필린계 색소로서 클로렐라, 시금치, 컴프리, 유레모과 스피룰리나 등의 녹색식물에서 에탄올 또는 유기용제로 추출하여 얻어지는 녹색색소이며 엽록소를 주성분으로 한다. 조직 내의 단백질과 결합하여 있는데 클로로필 내의 마그네슘은 산이나 빛에 의해 쉽게 분리되어 퇴색의 원인이 되며 이를 페오피틸이라 한다. 물에는 거의 녹지 않고 에탄올에도 잘 녹지 않으나 아세톤, 에테르, 벤젠과 같은 유기용매 등에는 잘 녹는다. 빛에 불안정하여 퇴색되기 쉬우나 열에는 안정적이며 산성에서 갈색으로 변색된다.

② 플라보노이드(Flavonoid)

플라보노이드는 그리스어로 '황색'을 의미하는 플라부스(flavus)에서 유래된 말로, 플라본(flavone)과 안토시아닌을 기본 구조로 갖는 식물색소를 일컫는다. 주로 딸기나 포도, 수국에서 표현되는 색소가 안토시아닌으로서 용액의 pH에 따라 산성에서는 빨강, 중성에서는 보라, 알칼리성에서는 파란색으로 변한다. 또한 플라본은 흰색이나 연한 담황색을 띠는 색소로 채소를 물에 데칠 때 나타나는 색이 바로 그것이다.

수국의 안토시아닌

채소의 담황색을 내는 플라본

▪▪안토시아닌

안토시아닌은 식물체에서 생성되는 천연색소로 여러 가지 생리활동을 활성화시키는데 특히 노화 억제와 항균, 시력 개선, 혈관 보호 기능이 탁월한 것으로 알려져 있다. 검정콩은 한방에서도 신장이나 방광 기관의 병을 치료하고 기관지염과 천식에도 뛰어난 효과가 있는 것으로 알려져 있는데, 블루베리나 검정콩, 블랙 올리브(black olive) 등에 들어있는 색소가 바로 안토시아닌이다.

건포도

블루베리

③ 카로티노이드(Carotinoid)

당근이나 호박에 주황색을 띠는 동식물계에 널리 분포하는 색소이다. 색으로서는 안토시아닌이나 플라본과 비슷하지만 벤젠 · 이황화탄소 · 에테르 등의 유기 용매에 녹으므로 구별할 수 있다. 하지만 물에는 불용성(不溶性)으로 오렌지 · 빨강 또는 보라색 결정(結晶)이다. 1831년 H. 바켄로더가 당근의 뿌리로부터 적자색 결정을 처음 분리한 것이 β–카로틴이며, 카로티노이드라는 총칭은 카로틴을 대표로 하는 무리라는 뜻에서 명명된 것이다. 그 후, 발견된 것은 90종에 이르지만 1종만이 존재하는 일은 드물고, 대개는 여러 종이 함께 존재한다.

▪▪ 리코펜(Lycopene)

리코펜은 잘 익은 토마토 등에 존재하는 일종의 카로티노이드계 색소이다. 항암 작용을 하며, 성질은 카로틴과 비슷하다. 리코펜은 피토케미칼(phytochemical)로서 토마토와 같은 붉은색을 가진 과일(토마토, 수박, 딸기, 감, 붉은 포도, 석류, 자몽, 구아바)에 풍부하게 들어있다. 리코펜은 β-카로틴과 같이 체내에서 비타민 A로 전환되는 것은 아니지만, 베타 카로틴 이상의 강력한 항산화 작용을 하며, 노화방지, 항암효과(전립선암), 심혈관 질환 예방 및 혈당저하 효과를 나타낸다. 특히 암세포 성장을 도모하는 주요 조절 인자인 IGF-1(Insulin Like Growth Factors) 인자를 강력하게 억제하며, 단백질 43효소를 자극하여 세포 간 연락장치(gap junction)를 발현시키는데, 세포 간 연락장치의 발현은 암의 억제와 깊은 연관이 있다.

Lycopene

■■ 사프론(Saffron)

이것은 오렌지-노랑을 띠는 크로커스 꽃가루에서 얻어지는 색소이다. 향기가 진하고 귀한 색소로 음식의 향취를 더해준다.

(8) 천연색소

천연색소란 인공적으로 합성된 물질이 아닌, 자연에서 그대로 추출하거나 정제된 색소이다. 인체에 무해하고, 식품 속의 다른 성분과 반응하여 부산물을 형성시켜 식품 자체의 품질에 손상을 끼치지 않는 안전한 것으로서 식품으로 사용할 수 있는 것이면 천연색소로서 이용이 가능하다. 자연에서 얻어지는 관계로 가격이 비싸다는 단점이 있으나 색채가 자연스럽고 위생상 안전하여 널리 사용되어 왔다.

① 동물성 색소

■■ 코치닐(Cochineal)

코치닐은 중남미 지역의 선인장에 기생하는 연지벌레를 원료로 하는 색소이다. 주성분은 안트라퀴논계의 카르민산(carminic acid)이고, 내열 · 내광성이 우수하며 안정성이 좋아 적색 색소로서 용도가 광범위하다. pH에 따라 다른 색상을 발현하는데, 주로 중성에는 핑크색, 산성에는 주황색, 알칼리성에는 보라색을 띤다. 잼, 맛살, 케첩, 음료, 가공유류, 과자, 빵, 육가공품, 어육 등 딸기색이나 오렌지색이 필요할 때 주로 사용된다.

연지벌레

카르민산의 농축

▪▪락(Lac)

비타르계 천연색소로 락 패각충의 유충이 분비하는 물질을 추출해서 얻는다. 적색-암적갈색의 액체, 분말, 덩어리 또는 페이스트상의 물질로서 주 색소는 안트라퀴논계의 락카인산(laccaic acid, $C_{26}H_{19}NO_{12}$)이다. 물에 아주 약간 녹으며, 에탄올이나 프로필렌글리콜에는 녹는다. 수용액은 산성에서 등색-등적색, 중성에서 적색, 알칼리성에서 적자색을 나타낸다. 특히 묽은 에탄올 용액에는 적색을 띠며 열, 빛, 산화, 환원 등에 안정하다. 그러나 철 이온과 같은 금속이온과 반응하면 흑색으로 변색되고, 단백질과 반응하여 암자색이 된다. 과즙음료, 햄, 소시지, 캔디, 잼, 토마토가공품, 유산균음료 등에 사용되는 적색계열의 색소이다.

▪▪세피아(Sepia)

오징어의 먹물에서 채취한 암갈색 색소를 말한다. 고대에는 오징어의 먹물을 잉크로 사용하기도 하였는데 그것이 바로 세피아라는 색소이다. 세피아는 오징어 먹물을 사용한 잉크라는 뜻의 그리스어로서 주성분은 멜라닌(melanin) 색소로 되어 있고, 항암, 항균 효과가 뛰어난 것으로 밝혀졌다. 이 먹물은 위액분비 촉진과 치질 등에도 효과가 있으며 종양 활성을 막는 일렉신 성분도 있는 것으로 알려졌다. 우리 주변의 오징어 요리 전문점에 가면 갖가지 음식들의 육수에 이 오징어 먹물을 넣는데 그 이유도 바로 이것이다.

◀ 먹물스파게티

② 식물성 색소

▪▪ 치자황

치자나무 과실로부터는 황색, 청색, 적색의 3종류 색소를 얻을 수 있는데, 일반적으로 사용되는 것은 황색이며 이것은 밝은 황색이 특징이다. 주 색소원은 카로티노이드계의 크로신(crocine), 크로세틴(crocetin)으로 카로티노이드계에서는 보기 드문 수용성이다. 치자황색소는 단백질에 대한 염착성이 비교적 좋아 면류, 절임류, 스낵류 등에 이용되며, 수요가 증가하고 있다.

■■ 치자청

이것은 꼭두서니과 치자(Gardenia augusta MERR. Var. grandiflora HORT.)의 과실추출액에 함유된 Iridoid 배당체와 단백질 분해물과의 혼합물에 효소(β-Glucosidase)를 작용시켜 얻어지는 색소이다. 색상조정, 품질보존 등을 위하여 희석제, 안정제 및 용제 등을 첨가할 수 있다. 단독으로 사용되는 경우가 적고 주로 치자황색소나 홍화황색소와 배합하여 녹색으로 사용되는 경우가 많다.

■■ 홍화황

잇꽃의 물로 추출해서 얻는 황색소로서 주로 산성, 중성영역에서 밝은 황색을 띤다. 식품용으로 주로 이용되는 황색소는 주 색소가 플라보노이드계이며, 다른 천연 황색소 중에서도 산성에서 내성이 우수하여 음료를 중심으로 과자, 면 등의 용도에 폭넓게 사용되고 있다. 특히 정제기술의 향상으로 정제도가 높은 것의 제조가 가능해졌다.

■■ 비트레드(Beet red)

이것은 명아주과 비트(Beta vulgaris L.)의 뿌리를 물 또는 에틸알코올로 추출하여 얻어지는 색소로서 주성분은 베타인계의 베타닌(Betanine, $C_{24}H_{26}O_{13}N_2$=550.48)이다. 내열성, 내광성이 떨어지는 단점이 있다. 중성이나 약산성에서 주로 사용된다.

▪▪자색고구마 색소

고구마의 형질을 전환시킨 자주색의 고구마에서 추출한 안토시아닌 색소로서 안정성과 색상이 우수하다. 적양배추 색소와 유사하나 차이점이자 장점은 냄새가 없다는 것이다. 음료 등 산성식품에 사용가능하다.

▪▪파프리카

파프리카 색소는 가지류 식물인 파프리카의 과실로부터 추출한 주황색 · 적색소로서, 주성분은 캡산틴이다. 카로틴보다 진한 붉은색을 띠며 카로티노이드 색소 중에서는 붉은 기운이 가장 강하다. 내열성은 좋으나 내광성이 다소 약하고 고추의 매운맛이 많은 것이 단점이며 주로 육류, 수산 가공품, 농산 가공품 등에 사용되고 있다.

■■카카오 색소

카카오 종자에서 추출하여 얻는 색소로서 벽오동과 카카오 나무(Theobroma cacao L.)의 종자를 발효시키고 볶은 다음 물로 추출해 얻어진다. pH 4 이상에서 내열성, 내광성이 우수하다.

■■카라멜 색소

카라멜은 당류를 가열하여 만드는 색소이며 크게 전분류와 설탕류의 원료로 만들어진다. 이들은 열처리를 통해 얻을 수 있으며 갈색을 띤다. 분말과 액상 형태가 있으며 내열성 및 내광성이 우수하다.

③ 미생물 색소

■■모나스커스(Monascus) 색소

모나스커스 곰팡이가 생산하는 색소로서, 균체를 포함하는 배양물로부터 알코올로 추출하여 얻을 수 있는 모나스콜부린과 루블로판크타친을 주요 성분으로 하는 수용성의 적색 색소이다. 아자페론계 적색 색소에 속하는 홍국 색소의 특성은 우수한 내열성, 사용 가능한 pH 영역이 넓은 점, 염착성이 좋다는 점 등을 들 수 있다. 내광성, 산성에는 다소 약한 편이다.

(9) 색명(Color name)의 원리

색명이란 색 이름을 표시하는 것을 말하는데, 일반적으로는 동물이나 식물, 계절, 지방명칭 등에서 인용하여 색 이름을 정한 것이 많다. 그러나 현장에서 정확한 색 이름으로 제품의 색이나 샘플의 색을 소통하기 위해서는 일련의 번호나 기호와 같은 정확한 색표시 전달체계가 필요하므로 색명의 표시는 다음과 같이 기본색명, 관용색명, 계통색명(일반색명)으로 구분하여 사용하는 것이 좋다.

① 기본색명

기본적인 색의 구별을 위해 사용되는 색명을 말하고, 기본색명 이외의 대상이 떠오르지 않는 색명을 일컫는다. 한국산업규격(KS A 0011)에 제시된 색명은 15가지로 빨강, 주황, 노랑, 연두, 초록, 청록, 파랑, 남색, 보라, 자주와 무채색인 하양, 검정, 회색이 있고, 분홍과 갈색까지 추가되어 있다.

- 빨강 7.5R4/14
- 주황2.5YR6/14
- 노랑5Y8.5/14
- 연두7.5GY7/10
- 초록2.5G4/10
- 청록10BG3/8
- 파랑2.5PB4/10
- 남색7.5PB2/6
- 보라5P3/10
- 자주7.5RP3/10
- 갈색5YR4/8
- 분홍10RP7/8
- 하양N9.5
- 회색N5
- 검정N0.5

② 관용색명(慣用色名)

관용색명은 예부터 전해 내려오는 습관적으로 사용된 색명을 말하는데 식물이나 동물, 광물의 원료 등에서 이름을 딴 색명이 많고, 지방이나 인명에서 유래된 색명도 있다.

■■식물에서 유래된 색명

치자(梔子)색 : 잘 익은 치자나무 열매의 색

딸기색(Strawberry red) : 잘 익은 딸기의 선명한 빨간 색

라일락색(Lilac) : 연한 보라의 라일락꽃 색

살구색(Apricot) : 노랑에 주황이 가미된 살구나무 열매의 색

풀색(Herb) : 진한 연두로 식물의 잎사귀 색

오렌지색(Orange) 주황색 : 오렌지 열매의 색

귤색(Tangerine) : 주황 띤 노랑으로 잘 익은 귤 껍질의 색

복숭아색(Peach) : 잘 익은 복숭아 열매의 색

팥색(Red bean) : 적자색의 팥 색

쑥색(Sage green) : 말린 쑥 잎의 색

올리브 그린(Olive green) : 채 익지 않은 올리브 열매의 색

▪▪동물에서 유래된 색명

연어색(Salmon pink) : 연어의 살 색

쥐색(Mouse gray) : 어두운 회색, 쥐의 털 색

세피아(Sepia) : 오징어 먹물 색소로서 흑갈색

피콕블루(Peacock blue) : 공작 깃털색

베이지(Beige) : 원모로 짠 모직물색

아이보리 블랙(Ivory black) : 상아가루를 공기를 차단하여 가열하여 만든 검정

▪▪광물에서 유래된 색명

고동색(古銅色) : 오래된 금속 구리의 색, 검정 띤 갈색

은색(銀色) : 광물인 은의 색(광택 색으로 앞의 예는 참고 색)

금색(金色) : 광물인 금의 색(광택 색으로 앞의 예는 참고 색)

호박색(琥珀色) : 반투명하고 광택이 있는 황갈색

에메랄드 그린(Emerald green) : 에메랄드보석 색, 선명하고 맑은 초록

코발트블루(Cobalt blue) : 산화코발트와 산화알루미늄으로 만든 안료의 색

황토색(Yellow ocher) : 황토의 누렇고 거무스름한 색

군청(群靑) : 라피스라줄리(Lapis lazuli)라는 보석에서 얻은 남색

■■인명이나 지명에서 유래된 색명

프러시안블루(Prussian blue) : 프러시아 군대의 군복에 사용된 파랑

하바나 브라운(Habana brown) : 남동 아시아의 Siam의 황실 고양이의 일파로 마호가니 색조의 갈색 털의 색

보르도(Bordeaux) : 프랑스 보르드 지방에서 나는 붉은 포도주 색

반다이크 브라운(Vandyke brown) : 반다이크가 만든 검정을 띤 갈색, 번트 엄버(burnt umber)보다 약간의 노랑기가 있는 색

■■자연현상에서 유래된 색명

하늘색(Sky blue) : 맑게 갠 하늘을 나타내는 색, 약간의 회색빛을 띤 청색

바다색(Ocean blue) : 초록 띤 짙은 파랑

■■현대의 유행에서 유래된 색명

카키색(Khaki) : 힌두어의 '흙먼지'에서 유래된 광물 염료의 색

③ 계통색명(系統色名)

색채의 뉘앙스를 학술적으로 체계화한 것으로서 기본색명에 수식어를 붙여 표현하는 방식을 말한다. 색상에 관한 수식어로는 Reddish, Yellowish, Greenish, Bluish, Purplish 5종류가 있고, 색조(tone)에 관한 수식어로는 Vivid, Strong, Bright, Soft, Pale, Light, Dull, Dark, Deep, Whitish, Light gray, Gray, Dark gray, Blackish가 있다.

2. 푸드스타일링을 위한 배색의 기초

(1) 단색이미지

(2) 색상에 의한 배색

(3) 명도에 의한 배색

(4) 채도에 의한 배색

(5) 톤에 의한 배색

(6) 배색기법에 따른 배색

(7) 감정효과에 의한 배색

(8) 공감각에 의한 배색

(9) 형용사 이미지 배색

(10) 트렌드별 이미지 배색

(11) 한국의 전통색

(12) 색채조화론에 의한 배색

02

음식을 좀 더 맛있고 고급스럽게 보이게 하기 위해서는 음식의 '맛'에만 초점을 맞추어서는 안 된다. 어떤 색이 배경인지, 또는 음식 위의 조명이 어떤 색감을 내는 빛인지에 따라서 그 음식의 색감은 더 풍부해지고 보는 사람의 식욕도 불러일으킬 수 있기 때문이다.

이 장에서는 먼저 색이 단색으로 존재할 때의 특징을 살펴본 후, 단색으로 존재하던 색에 어떤 색이 조합되는지에 따라 시각적인 느낌이 매우 다르게 변해가는 배색의 기초를 알아보고 보다 효과적인 배색 트레이닝을 해보도록 한다.

styling

(1) 단색이미지

색에는 고유의 이미지가 존재한다. 머릿속으로 바다를 떠올리면 '시원함' 이나 '푸름' 과 같은 이미지가 떠오르고 불타오르는 모닥불을 생각하면 '뜨거움' 과 같은 감각적인 연상이 동반된다. 이것은 대상뿐 아니라 색만을 떠올릴 때에도 고유의 이미지가 생성되는데, 예를 들어 빨강을 생각하면 태양이나, 불, 정열과 같은 이미지가 떠오르는 것이다. 이러한 관념체계는 개인의 지식이나 경험, 문화적, 시대적 요인에 따라 생성되는 고유의 이미지라 할 수 있고 귀속되는 집단이나 국가에 따라 각기 다른 연상 작용이 일어나게 되므로 모든 사람의 연상 작용이 같다고 단정 짓기는 힘들다.

하지만 연상은 생화학적인 인간의 영위과정으로서 역사적, 문화적으로 어느 정도 공통적인 심리적 효과를 가지므로 색을 기획하고 연출하는 스타일리스트는 이러한 기본적인 연상 이미지를 잘 알고 색채를 다루어야 할 것이다.

① 빨강(Red, 정사각형)

감정적 연상 |
열정, 힘, 성난, 사랑, 상처, 혁명, 행복, 행운, 외향적, 활기찬, 따뜻한

구체적 연상 |
불, 태양, 불교, 공산주의, 허리케인

신체적 반응 |
혈압상승, 식욕을 자극함, 심장 박동수 증가

안전색채 |
정지, 위험, 화약고, 방화, 금지, 고도의 위험

빨강은 적극적이고 활기찬 감정이 일어나는 색이다. 또한 강렬하고 힘차며 불꽃같은 생명력을 보여주는 색으로서 우리나라에서는 국가 분단으로 인해 80년대까지는 주로 공산주의의 연상 작용이 강했던 색이었으나, 2002년 월드컵 때 '붉은 악마'의 등장을 계기로 역동적이고 신명나는 색으로 탈바꿈하였다. 빨강은 주로 피(血)나 불(火)과 같은 대상과 연결되어 있어 생명이나 방화와 같은 상징과 연상 작용이 일어난다. 또한 이 색상의 파장이 신체적으로 혈압을 상승시키고 심장 박동수를 증가시킨다고 알려져 있다. 연구결과가 있어, 실내 인테리어에 적용할 때에는 적절한 색채조절을 하기 위해 사용되기도 한다. 다른 추상적 연상어로는 정열, 흥분, 분노, 위험, 속도감, 활동적, 애정, 잔혹, 화려함 등이 있으며 구체적 연상어로는 소화기, 소방차, 바리케이드, 불, 투우사, 립스틱, 토마토, 장미와 같은 대상이 있다.

② 노랑(Yellow, 역삼각형)

감정적 연상 ı
명랑, 긴장, 유쾌, 초조, 상쾌, 쾌활, 미숙한

구체적 연상 ı
레몬, 황금, 해바라기, 유치원, 바나나, 옥수수, 비겁한, 나쁜 징조, 사막

신체적 반응 ı
피부를 건조하게 만드는, 따뜻하고 즐거운

안전색채 ı
경고, 주의, 감전주의

1947년 처음 발표된 스위스 학자 뤼셔의 저서에 따르면, 여러 가지 색상 중 노랑을 제일 먼저 선택하는 사람들은 지적이며, 혁신을 좋아하고 항상 큰 기대와 희망을 가지고 있다고 한다. 명랑하고 유쾌한 감각의 노랑은 약동하는 젊음의 이미지와 닮은 색이면서 동시에 주의나 감전과 같은 안전 색채의 의미와 추상적 연상으로 경솔함과 가벼움을 주는 색으로도 잘 알려져 있다. 구체적 연상어로는 레몬, 해바라기, 유치원, 바나나, 옥수수 등이 있으며, 추상적 연상어로는 명랑, 주의, 긴장, 경솔, 유쾌, 부드러운, 활발함 등이 있다.

③ 초록(Green, 육각형)

감정적 연상 |
젊음, 신선, 안전, 풍요, 순응, 번창, 희망, 지혜, 온기, 우호적인

구체적 연상 |
소나무, 산, 에메랄드, 오이, 오시리스, 광기, 재앙, 농업, 이슬람교

신체적 반응 |
긴장을 완화시킴, 집중되는, 초점을 모아주는, 스트레스 해소

안전색채 |
비상구, 안전, 응급처치, 방독면, 피난, 위생, 구호, 보호

초록은 자연을 대표하는 색으로 젊음과 평화 그리고 신선함을 대표하는 색이다. 특히 눈의 피로감을 완화시키고, 성장과 신록을 뜻하는 색이다. 긍정적 측면에서 초록은 모든 색 가운데 가장 마음을 안정시켜 주면서 심신이 지친 사람들에게 육체적 휴식과 심리적 위안을 주고 보호받고 있다는 느낌을 주는 색인 반면, 부정적인 측면에서는 이기심, 질투, 게으름을 대표하는 색이다. 가톨릭에서는 빨강과 파랑, 초록은 삼위일체(三位一體)의 색이다. 이 맥락에서 빨강은 성부(聖父), 파랑은 그리스도, 즉 성자(聖子), 초록은 성령(聖靈)을 상징하며, 특히 초록색은 이슬람교도들에게 있어서는 '신성함'과 불멸을 뜻하는 색이다. 그러나 우리 인간의 살갗과 다르게 파충류의 피부색이 또한 녹색계열로, 많은 사람들은 현실에서는 볼 수 없는 용이나 악마, 도깨비를 표현할 때에도 녹색을 연상한다. 초록색의 구체적인 연상어로는 소나무, 산, 에메랄드, 오이 등이 있고 추상적 연상어로는 젊음, 신선, 안전, 풍요와 같은 단어들이 있다.

④ 파랑(Blue, 원)

감정적 연상 |
청결, 미래, 신뢰, 상쾌함, 차가운, 우울, 진보, 순수, 진실, 자애

구체적 연상 |
물, 하늘, 바다, 우주, 터키석, 축제, 천국

신체적 반응 |
정신적이고 생각이 깊은, 휴식의, 고요한

안전색채 |
의무적 행동, 진행, 지시, 공기, 물

파랑은 하늘과 바다를 대표하는 자연색으로 여러 나라에서 신성함, 진실, 조화, 진정, 희망의 색으로 통용된다. 그러나 가끔 부정적인 해석으로 과다한 파란색의 노출은 건강한 사람들에게도 우울한 감정을 갖게 만들기도 한다고 알려져 있다. 파란색은 전 세계의 많은 사람들이 가장 선호하는 색으로 알려져 있으며, 현대의 진보적인 성향과도 잘 어울리는 색이다. 색소의 이름인 인디고는 블루진(Blue jeans)의 파랑으로 Indigo는 인도의 형용사형이며, 식물 이름인 동시에 색소 이름이다.

파랑은 이성적이며, 냉정한 판단을 내릴 수 있으나 합리성을 지나치게 강조한 나머지 융통성이 결여될 우려가 있는 이미지를 가지고 있다. 특히 정숙한, 시원한, 해방감, 지성의, 이지적인 등의 이미지를 내포하고 있으며 청량음료나 열대어, 터키석에서도 잘 관찰되는 색이다.

⑤ 보라(Purple, 타원)

감정적 연상 |
우아한, 섬세한, 감각적인, 신비로운, 매력적인, 예술적인, 타락한

구체적 연상 |
제비꽃, 포도, 여성, 라일락, 귀족, 제사장

신체적 반응 |
식욕을 억제, 감성을 자극하는, 불면증을 완화시키는

안전색채 |
방사능 표시

보라색은 고가의 귀한 색소로 왕족이나 종교적인 의식에서만 사용되었던 색이었다. 따라서 품격이나 고귀함을 뜻하는 것과 연관되며, 성직자나 신성한 사람을 의미하는 색이었다. 주로 고귀하고 우아하면서 여성스러운 색상으로 이해되며 자유롭고 창의적인 이미지도 갖고 있지만 부정적 연상어로 퇴폐나 권력, 도발을 의미하는 연상어 또한 존재한다. 또한 슬픔, 우울과 같은 이미지도 담고 있으며 이국적임과 화려함을 연상케도 한다.

⑥ 흰색(White, 반 타원)

감정적 연상 |
순결, 순수, 청결, 위생, 완벽, 정직, 추운, 텅 빈

구체적 연상 |
병원, 신부, 구름, 눈, 유령

신체적 반응 |
시원한, 깨끗하고 순수한, 순수한 미

안전색채 |
보조색상으로 사용

흰색은 색 중에서도 가장 깨끗하고 밝은 이미지로 순결하고 청초한 색이다. 상징적 의미를 살펴보면 청정, 청초, 순수, 평화, 냉혹, 신선, 결백 등의 연상어가 있고, 심리적 효과로 정신을 진정시키고 집중력을 높이는 색이 바로 흰색이다. 우리 민족은 예로부터 흰색을 선호하여 백의민족(白衣民族)이라고 불리기도 했으며, 상복으로는 죽은 사람에 대한 예로써 소색(素色)을 입기도 했다. 특히 디자인에서 흰색의 사용은 큰 의미를 지니는데, 새로운 라이프스타일을 제안하거나 디자인의 간결함을 보여줄 때에는 주로 흰색을 전체적으로 사용하게 된다. 따라서 진리나 청결, 순결, 냉담, 진리 등의 추상적 연상어와 함께 분필, 간호사, 병원, 구름, 웨딩드레스 등과 같은 구체적 이미지를 담고 있는 것이 바로 흰색이다.

⑦ 검정(Black, 사다리꼴)

감정적 연상 |
신비, 고귀, 지적인, 죄악, 단호함, 절망적, 아픔, 부정, 상실, 암흑시대

구체적 연상 |
어두움, 석탄, 숯, 머리카락, 말, 까마귀, 죽음, 고독, 침묵, 흑인

신체적 반응 |
이지적이고 보수적, 경건함 고취, 강압적인

안전색채 |
노랑과 함께 주의나 위험

빛의 대부분을 흡수하는 검정색은 그 뜻하는 바가 문화마다 크게 차이나는 색 중의 하나이다. 서양문화권에서 검정은 종종 흰색과 대비되어 나쁜 의미로 사용되지만 아프리카의 여러 문화권에서 검정은 긍정적인 의미로 사용되기도 한다. 예술에서의 검정색의 의미도 흥미로운데 범죄와 폭력을 주된 요소로 하는 영화를 '필름 누아르' 라고 한다. 이때 누아르는 프랑스어로 검다는 뜻이다. 또한 1990년대 필름 누아르의 영향을 받은 소설을 일명 '흑색 소설' 이라고 하기도 했다. 주로 검은 대륙이라는 아프리카를 대표하는 색인 동시에 부정적인 연상으로 죽음이나 고독, 침묵의 의미로 사용되기도 하지만, 절대적인 대상이나 엄숙함을 나타내기도 한다. 구체적인 연상어로는 까마귀, 석탄, 상복, 숯 등이 있다.

TIP 검은색 물감을 만드는 여러 가지 방법

검은색의 안료를 얻는 방법은 여러 가지가 있을 수 있는데 그중에서도 천연가스나 기름을 연소시킬 때 생기는 그을음을 이용한 검은색 안료를 통틀어 '카본 블랙(Carbon black)' 이라고 한다. 보통 소나무 뿌리나 버드나무와 같은 식물성 안료가 대부분인데, 그중에서도 피치 블랙(Peach black)의 경우 복숭아씨를 태워서 만드는 검정이다. 이것은 특히 차가운 느낌이 드는 검정인데 이보다 훨씬 푸른 기미가 많이 도는 검정이 바로 포도나무 줄기를 태워서 만드는 바인 블랙(Vine black)이다. 일반적으로 고가의 검정으로 잘 알려진 '본 블랙(Bone black)' 혹은 '아이보리 블랙(Ivory black)'은 코끼리 상아를 태워서 만들어진 동물성 안료이면서 식물성 안료들보다는 따뜻한 색감의 검정이라고 알려져 있다.

한국화에서 쓰이는 먹 또한 소나무와 같은 식물성 기름을 태울 때 나오는 그을음과 동물성 아교를 섞어서 만들어지는데 가장 최고급 상품의 먹은 그을음의 입자가 가볍고 고울수록 상품이라고 한다. 따라서 태웠을 때 그을음이 가장 멀리, 높이 올라가는 것은 양(量)도 적게 나오고 귀하므로 고급에 속하는 먹이 된다.

(2) 색상에 의한 배색

색상환을 기준으로 색상을 선택하는 배색 방법이다. 각 색상에 흰색과 검정, 여러 가지 명도의 회색을 섞게 되면 같은 색이라도 여러 가지 뉘앙스의 색채가 나타난다. 따라서 특별한 기법을 사용하지 않아도 자연스럽게 조화로움을 얻을 수 있는 것이 바로 색상에 의한 배색기법이라 하겠다. 색상에 의한 배색은 크게 동일색상 배색, 유사색상 배색, 반대색상 배색으로 크게 구분되는데, 이 장에서는 먼셀 10색상환을 기준으로 배색해 보도록 한다.

① 동일색상 배색

동일색상 배색이란 같은 색상의 톤(색조)이 다른 색들을 조합하는 방법을 말한다. 동일색상 배색은 선택한 색상의 이미지를 통일감 있게 표현할 때 사용하며 무채색과 함께 사용할 수 있다. 예를 들어 아래 그림과 같이 빨강(Red)의 여러 가지 색조들 중에서 3색을 골라 배색하면 다음과 같이 배색할 수 있다.

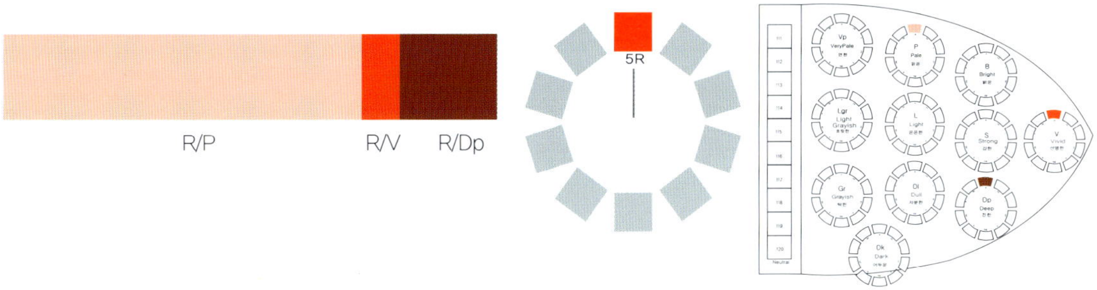

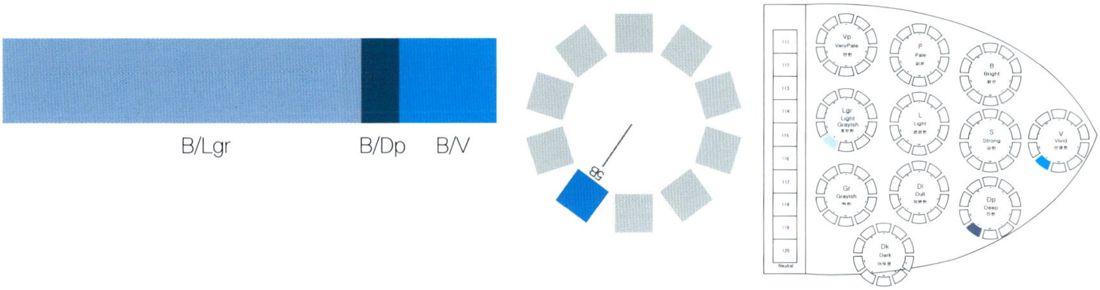

② 유사색상 배색

유사색상 배색이란 먼셀 10색상환을 예로 들면, 한 가지 색상을 기준으로 그 색상의 바로 옆에 있는 색상과 함께 배색하는 방법을 말한다. 유사색상배색은 난색이나 한색과 같이 유사한 색상 간의 공통점과 함께 약간씩 차이가 있는 색상으로 인해 변화감을 느낄 수 있는 배색이 된다.

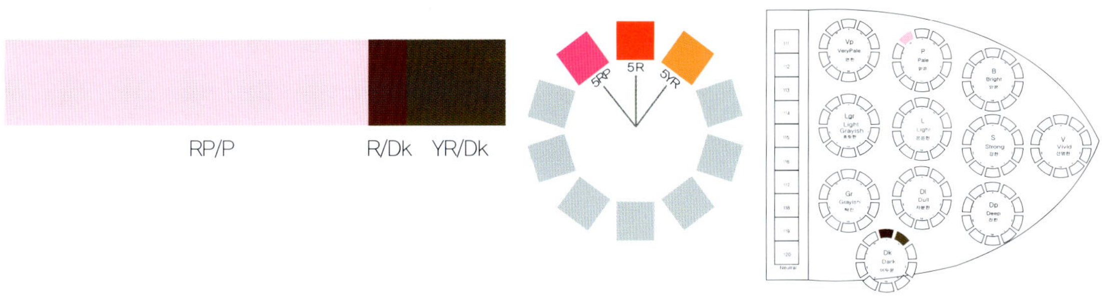

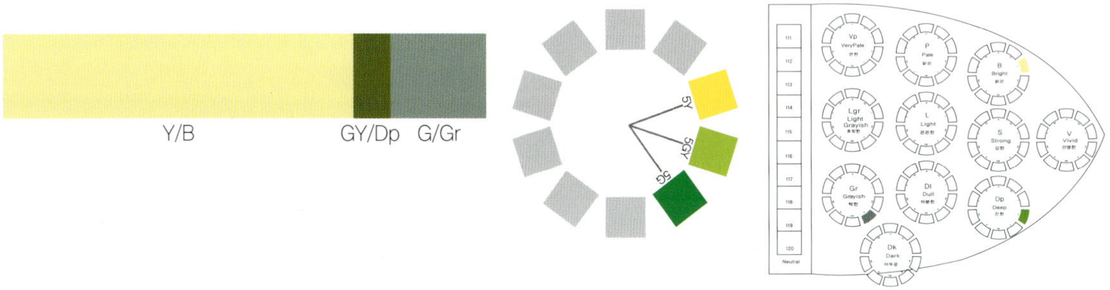

③ 반대색상 배색

반대색상 배색이란 먼셀 10색상환 중에서 한 가지 색상을 기준으로 그 색상의 반대편에 위치한 색을 조합하는 방법으로서 색상의 차이가 크기 때문에 톤(색조)의 조화를 잘 고려하여 배색하도록 한다.

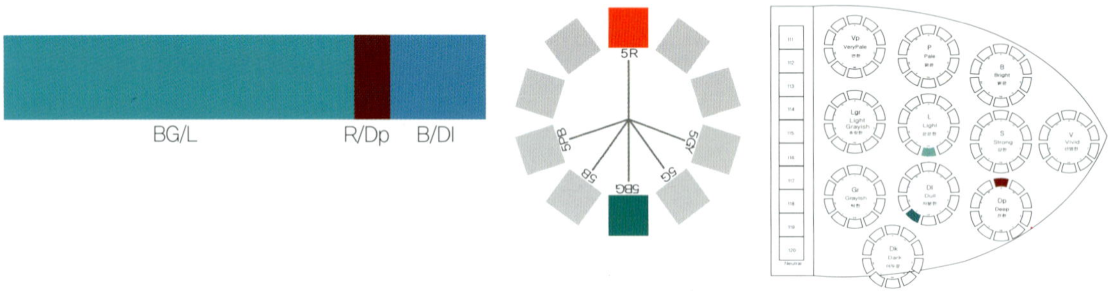

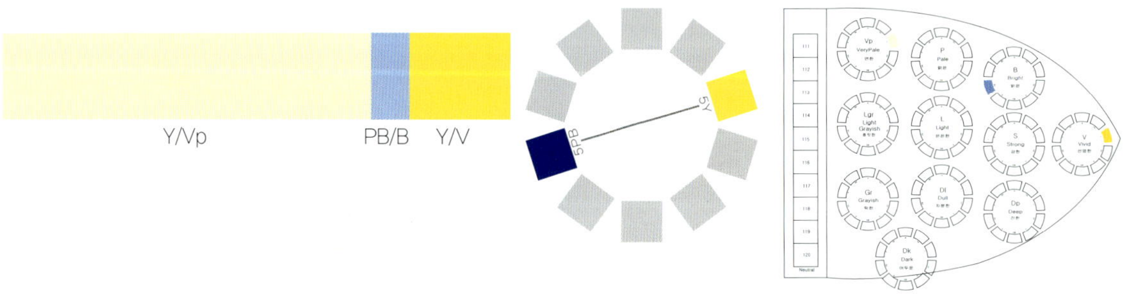

(3) 명도에 의한 배색

명도는 색의 밝고 어두움을 나타내는 개념으로 이것을 배색으로 활용할 때에는 전체에 사용된 색들의 명도의 차이가 어느 정도인가를 구분하여 지정한다면 이미지의 조절이 가능하게 된다.

① 고명도의 배색

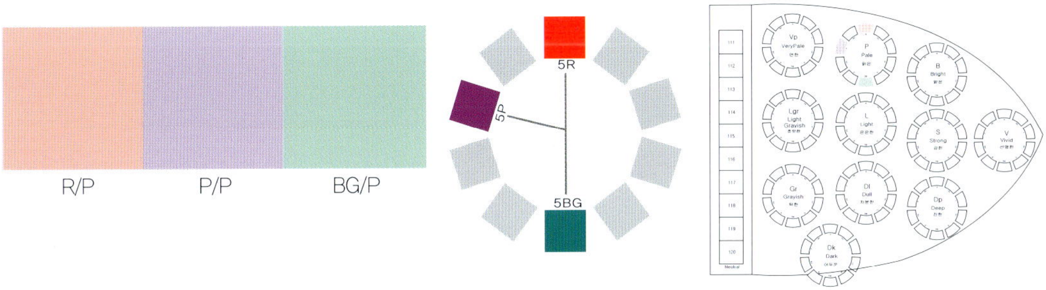

② 중명도의 배색

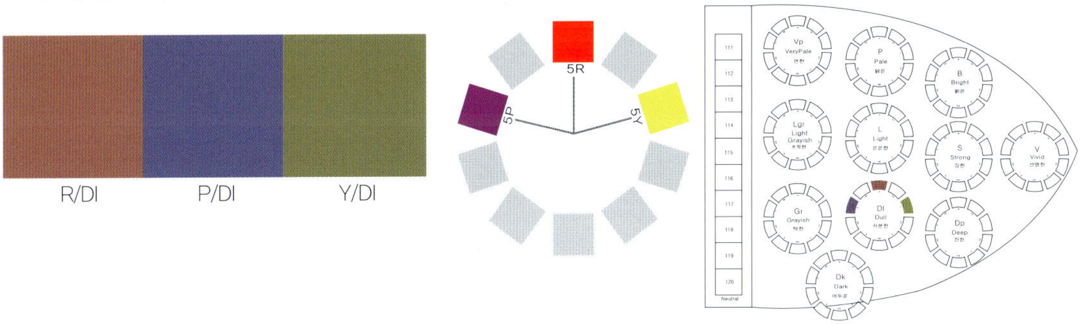

③ 저명도의 배색

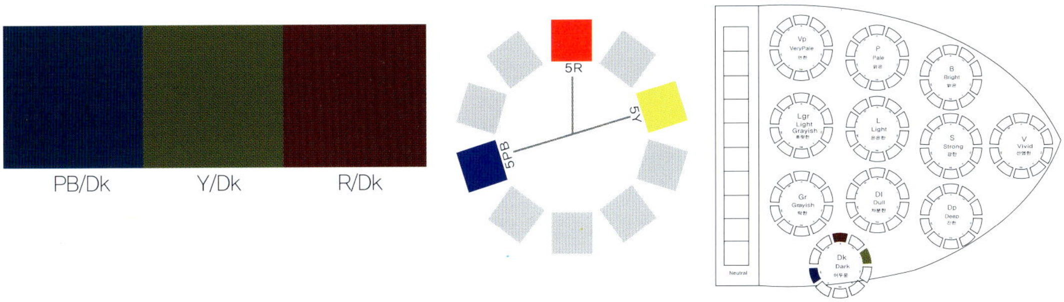

④ 명도 차이를 크게 낸 배색

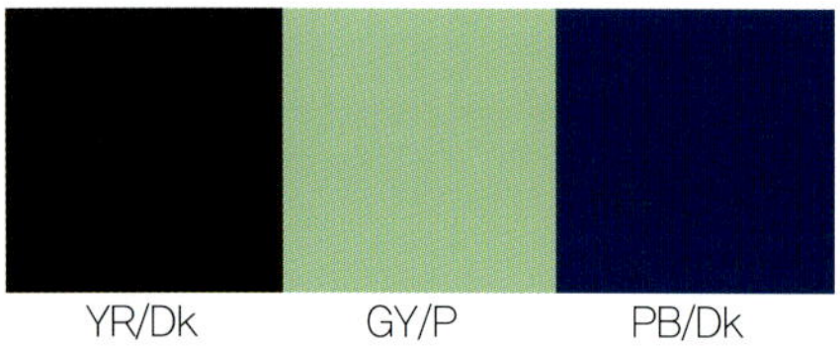

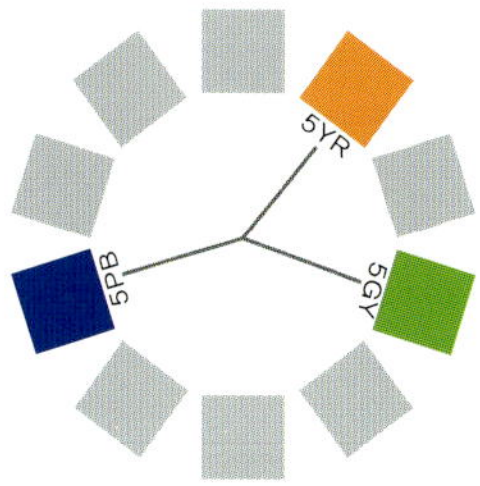

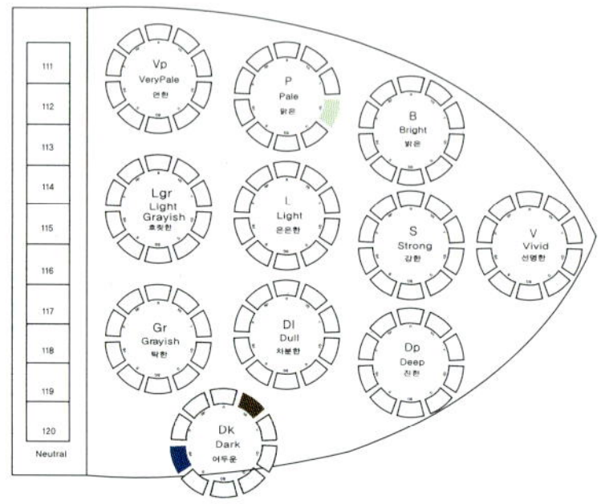

(4) 채도에 의한 배색

① 고채도의 배색

R/V　　Y/V　　B/V

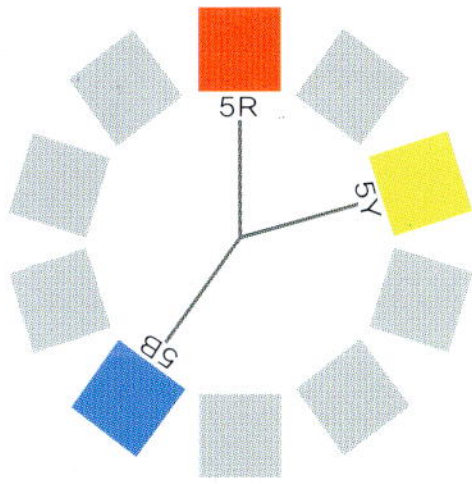

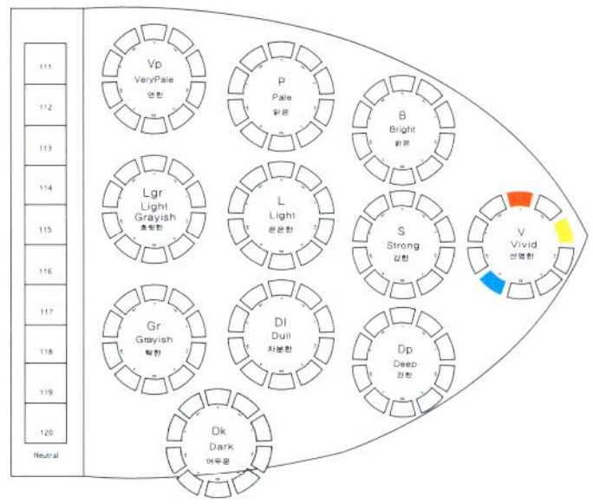

② 중채도의 배색

R/L　　BG/L　　GY/L

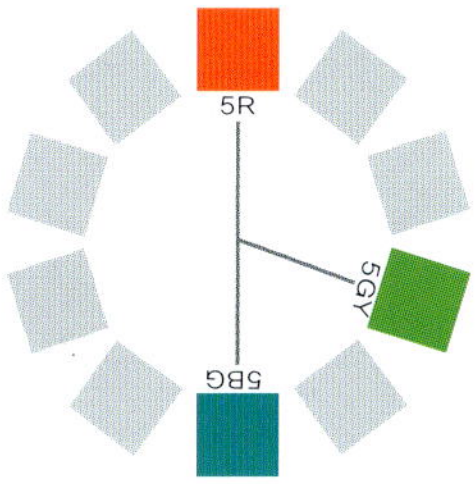

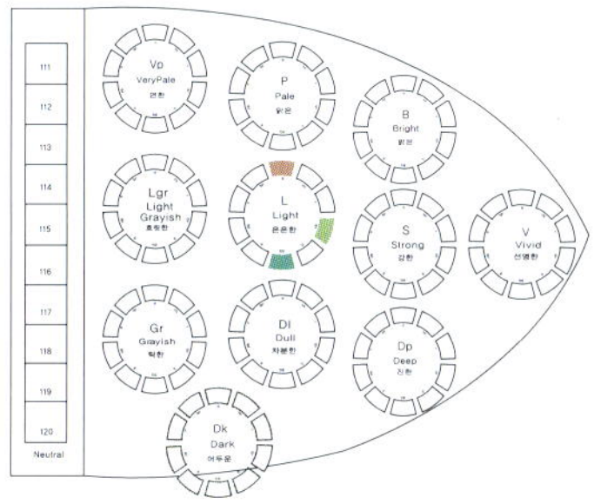

③ 저채도의 배색

PB/Gr　　YR/Lgr　　RP/Gr

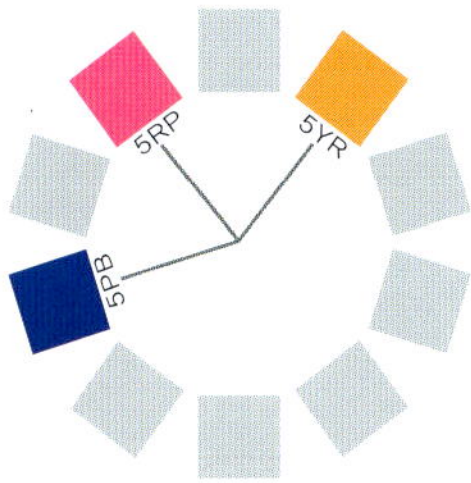

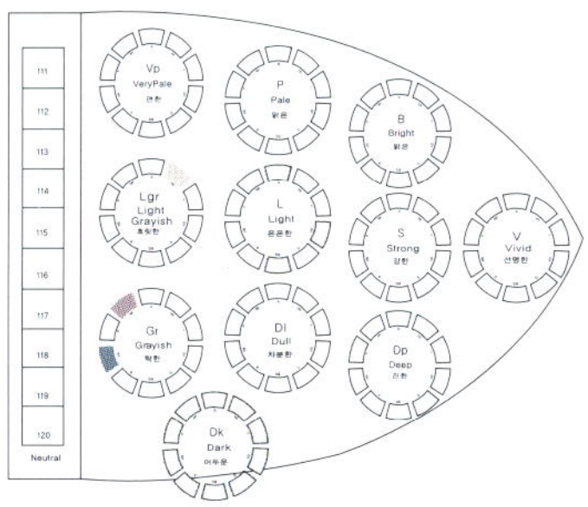

④ 채도 차이를 크게 낸 배색

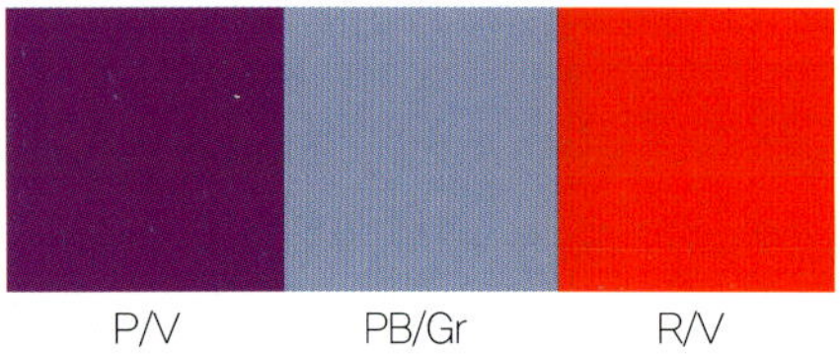

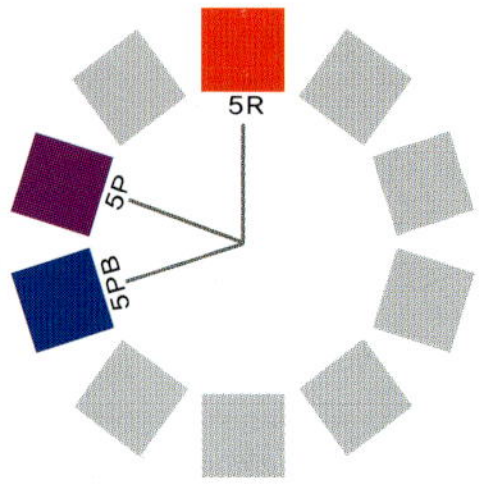

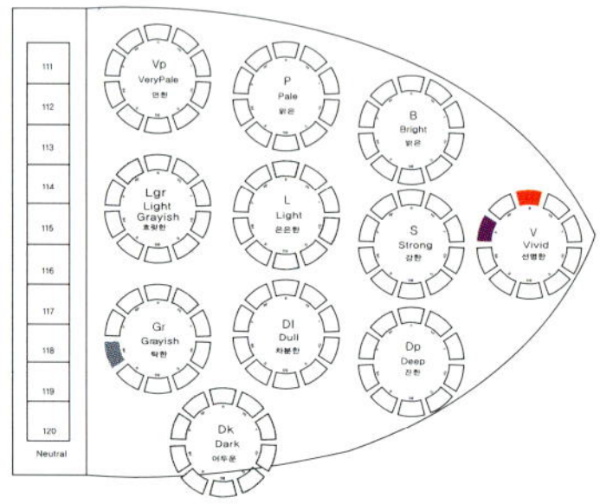

(5) 톤에 의한 배색

톤(tone)이란 색의 연하거나 짙은 정도를 말하는데, 명도와 채도를 결합한 것을 보통 톤, 색조라고 부른다. 주로 우리나라의 Hue & Tone 120에서는 11가지의 색조(色調)로 분류하여 사용하고 있으며, 색상은 달라도 톤 안에서의 이미지는 공통적이기 때문에 배색을 할 때 편리하게 사용할 수 있다.

색은 크게 가장 선명한 원색과 흰색, 검정, 회색과 같은 무채색으로 나눌 수 있다. 원색에 무채색을 섞을수록 채도가 낮아지게 되고 원색의 함량이 zero가 되면 이러한 색을 무채색이라고 부른다. 색조는 크게 다음과 같이 분류할 수 있다.

■■ 명청색조(Tint series)

순색에 흰색을 혼합하게 되면 밝고 맑은 느낌의 색조가 된다. 주로 화사하고 산뜻하면서도 부드러운 이미지를 주고 맑고 투명한 느낌을 나타낸다. Bright 톤, Pale 톤, Very Pale 톤이 여기에 속한다.

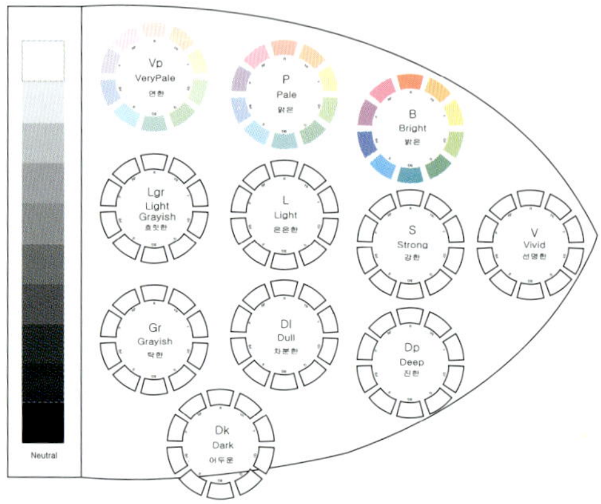

■■ 암청색조(Shade series)

순색에 검정색을 혼합하면 어두우면서도 맑은 느낌의 색조가 된다. 주로 깊고 진한 느낌과 전통적인 느낌과 어둡고 중후한 이미지를 나타낸다. Deep 톤과 Dark 톤이 암청색조에 속한다.

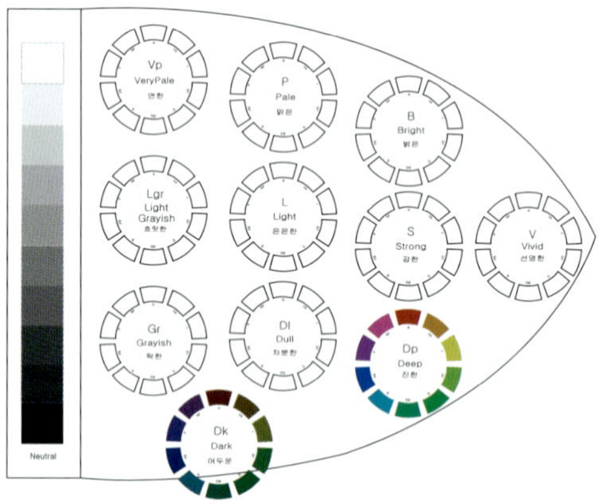

■■ 탁색조(Tone series)

순색에 회색을 혼합하게 되면 탁하고 정적인 색조가 된다. 주로 탁하고 수수하면서도 조용한 이미지이며 확실하지 않지만 반면에 세련된 이미지로 해석할 수도 있다. Light 톤, Dull 톤, Light Grayish 톤, Grayish 톤이 여기에 속한다.

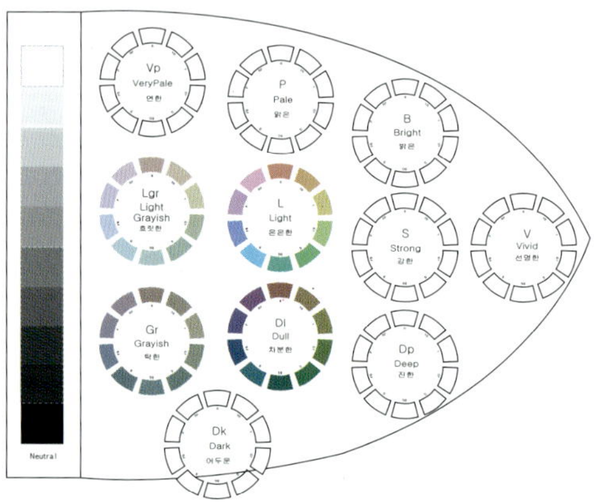

TIP 11가지 색조의 이해

비비드 톤(Vivid tone)

tone image – 선명한 화려한, 생동감 있는, 활기찬, 눈에 띄는, 생기 있는, 매력 있는

비비드 톤은 가장 원색적인 선명한 색조를 말한다. 먼셀의 기본 10색상을 보면 각각의 원색이 채도가 가장 높지만, 명도는 색마다 다르다는 것을 알 수 있다. 눈에 띄는 특징으로 배색의 악센트 컬러로 많이 사용된다.

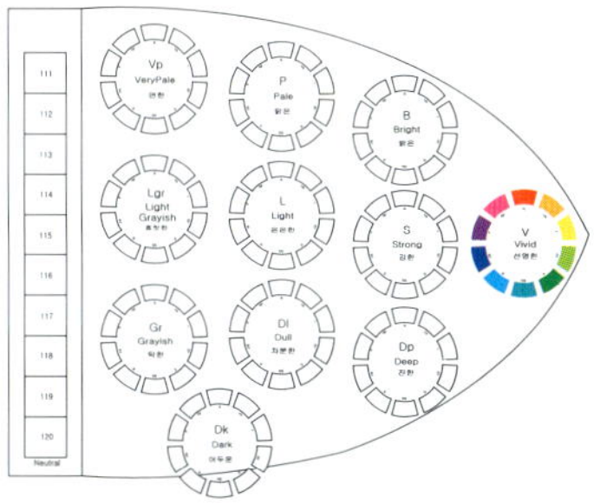

R/V Y/V PB/V

스트롱 톤(Strong tone)

tone image – 강한, 정열적인, 활동적인, 적극적인

스트롱 톤은 원색의 비비드 톤에 약간의 회색을 섞어 만든 톤으로서 거의 원색에 가까운 기본색을 말한다. 활동적이면서도 적극적인 분위기를 나타낸다.

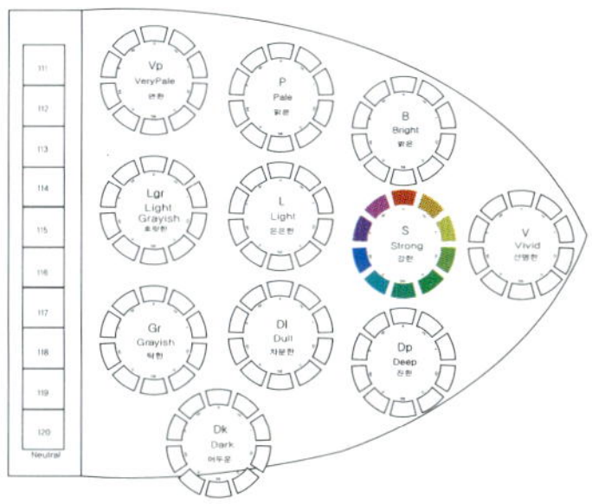

P/S B/S Y/S

●●브라이트 톤(Bright tone)

tone image – 밝은, 활달한, 건강한, 귀여운, 화사한

브라이트 톤은 원색에 약 30% 정도의 흰색을 섞어 만든 색조이다.

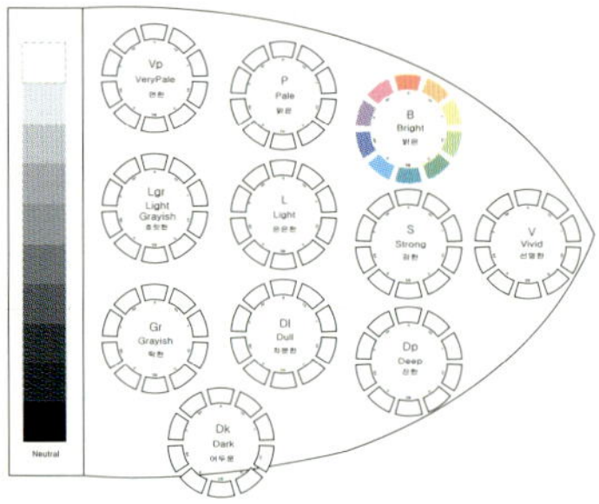

Y/B B/B P/B

●●페일 톤(Pale tone)

tone image – 산뜻한, 젊은, 상냥한, 여성스러운, 약한, 부드러운

페일 톤은 비비드 톤에 약 60% 정도의 흰색을 섞어 만드는 중채도, 고명도의 색조로서 연하면서도 부드러운 이미지가 특징이다.

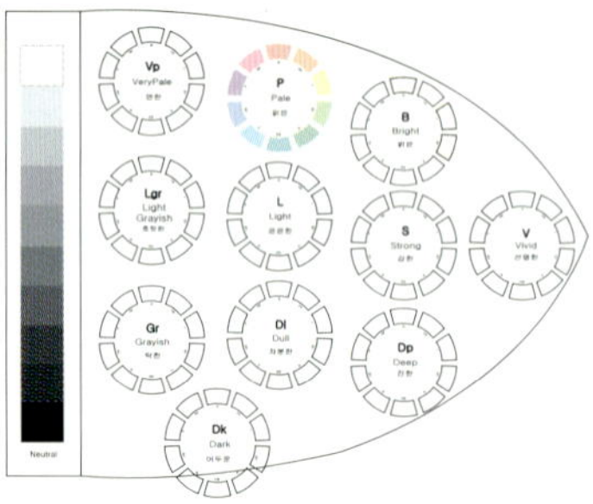

PB/P Y/P G/P

베리 페일 톤(Very pale tone)

tone image – 부드러운, 투명한, 즐거운, 맑은

베리 페일 톤은 비비드 톤에 약 95%의 흰색을 섞어 만드는 고명도, 저채도의 색조이다. 연약하고 부드러우면서도 밝은 느낌이 나는 색조이다.

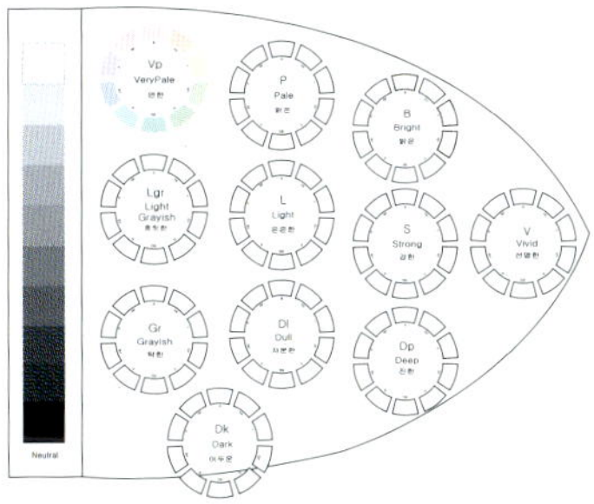

R/Vp P/Vp GY/Vp

라이트 톤(Light tone)

tone image – 온화한, 여린, 편안한, 부드러운, 우아한

라이트 톤은 원색에 밝은 회색을 약 60% 정도 섞어서 만든 색조로서 중채도이면서 다소 밝은 느낌의 색조이다.

YR/L B/L P/L

●●라이트 그레이쉬 톤(Light grayish tone)

tone image – 세련된, 엘레강스한, 소박한, 차분한

라이트 그레이쉬 톤은 약간의 원색과 함께 밝은 회색을 90% 이상 섞어서 만든 색조로서 저채도이면서 고명도의 색조이다.

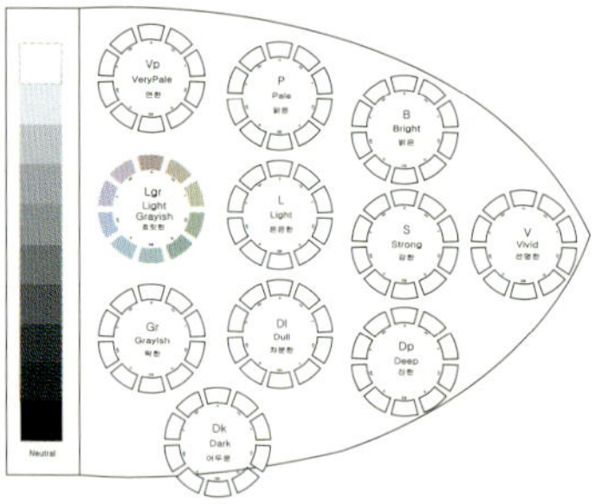

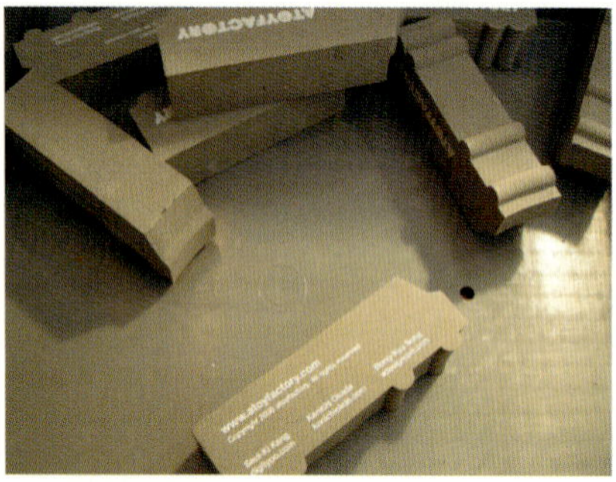

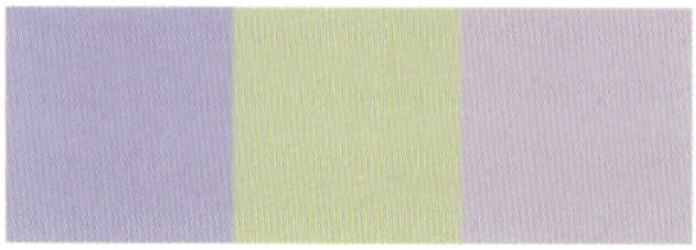

●●그레이쉬 톤(Grayish tone)

tone image – 어른스러운, 탁한, 둔한, 얌전한, 수수한, 조용한, 깊이가 있는

그레이쉬 톤은 소량의 원색과 중명도 정도의 회색을 90% 이상 섞어서 만든 색조로서 다소 어두운 중명도이면서 저채도의 색조이다.

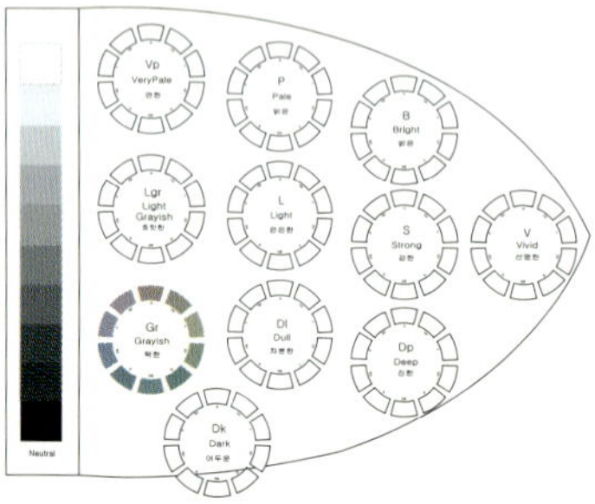

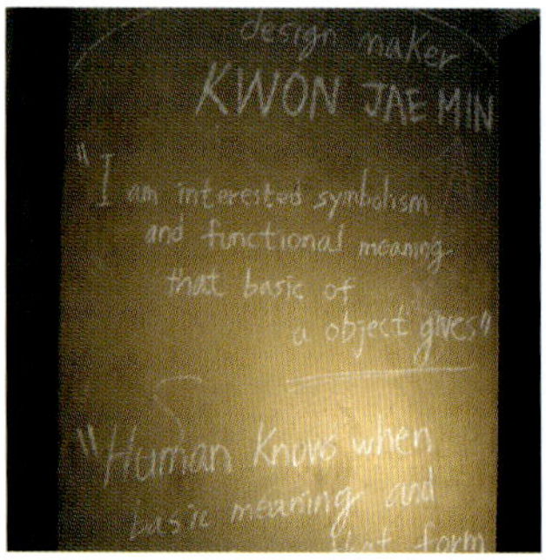

●●덜 톤(Dull tone)

tone image – 차분한, 조용한, 중간적인

덜 톤은 원색과 중간명도의 회색을 약 50% 정도 섞어서 만든 색조로서 중채도 중명도의 차분한 이미지의 색조이다.

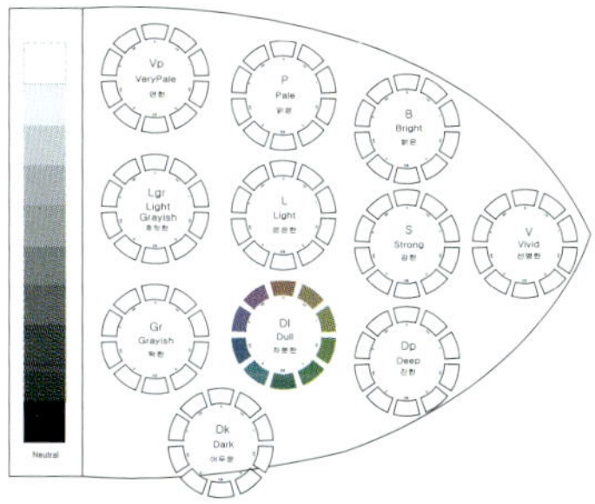

R/DI G/DI B/DI

●●딥 톤(Deep tone)

tone image – 숙련된, 침착한, 강한, 깊은, 충실한, 요염한

딥 톤은 원색에 약간의 검정색을 섞어 강하면서도 진한 느낌이 나는 색조이다. 고채도이면서 저명도의 색조가 특징이다.

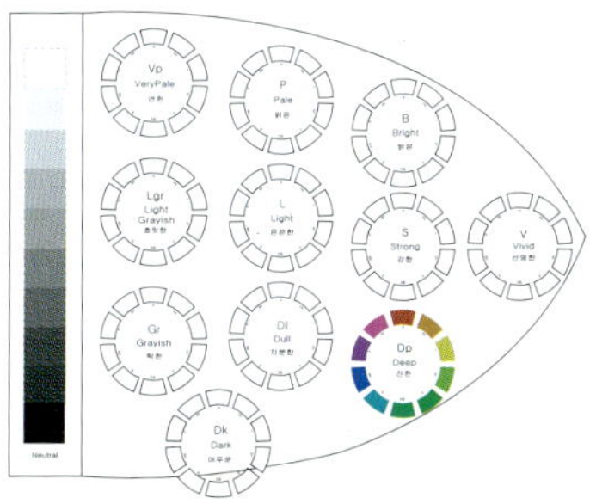

RP/Dp PB/Dp G/Dp

다크 톤(Dark tone)

tone image – 어두운, 원숙한, 중후한, 댄디한, 듬직한

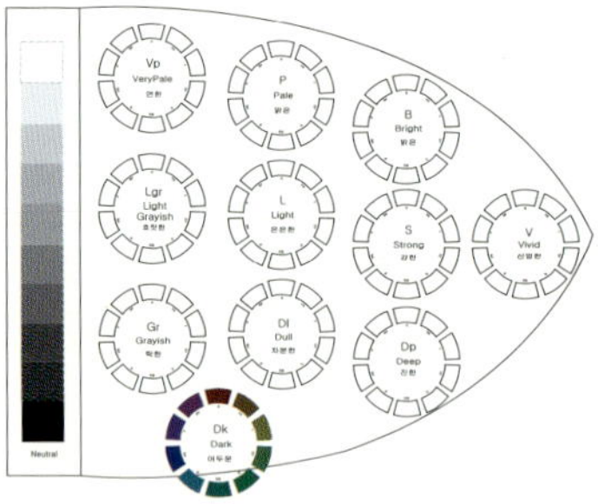

다크 톤은 소량의 원색에 검정색을 90% 정도 섞어서 만든 어두운 색조로서 탁하면서도 어두운 색조가 특징이다.

R/Dk B/Dk RP/Dk

① 동일색조 배색

11가지 색조 중에서 한 가지 톤을 선택하여 배색하되 색상을 다르게 배색하는 방법이다.

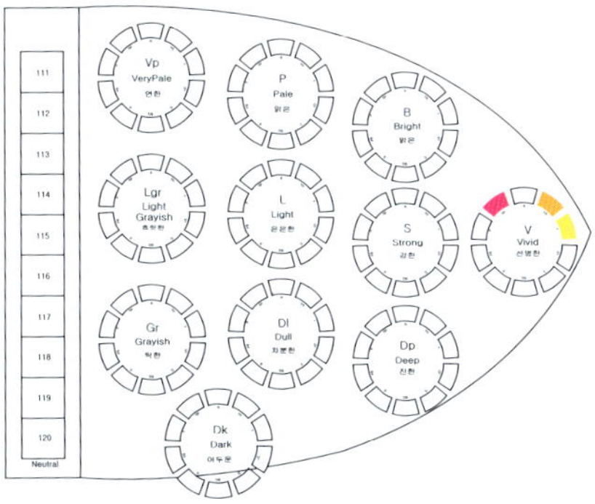

② 유사색조 배색

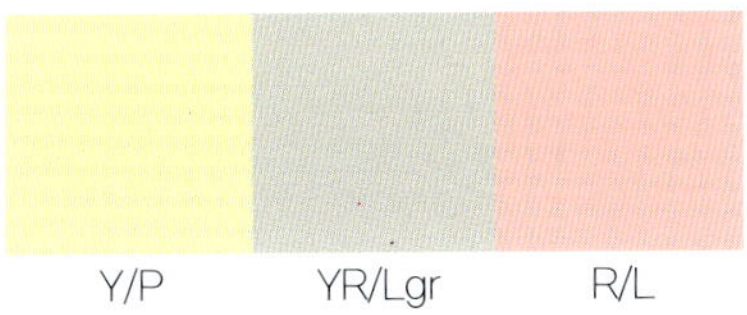

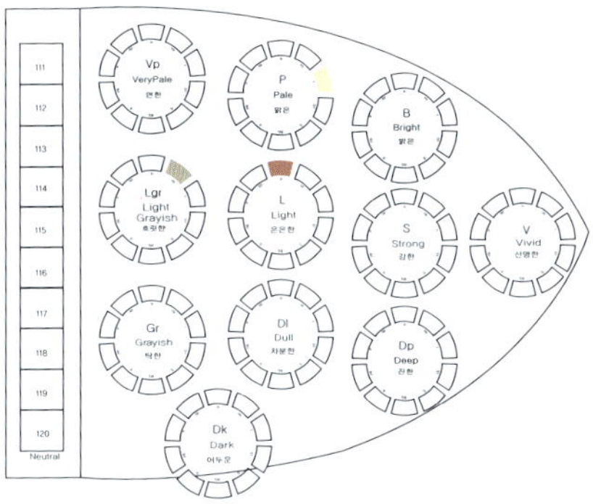

③ 반대색조 배색

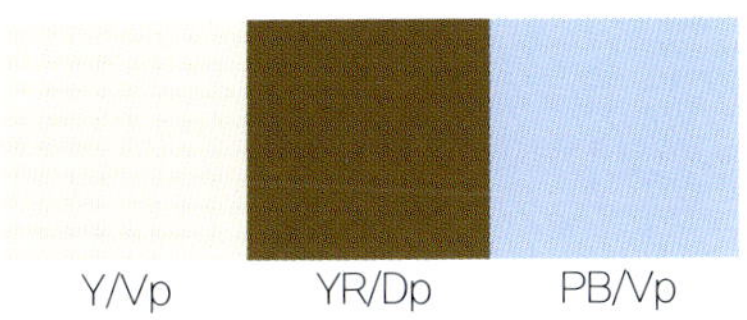

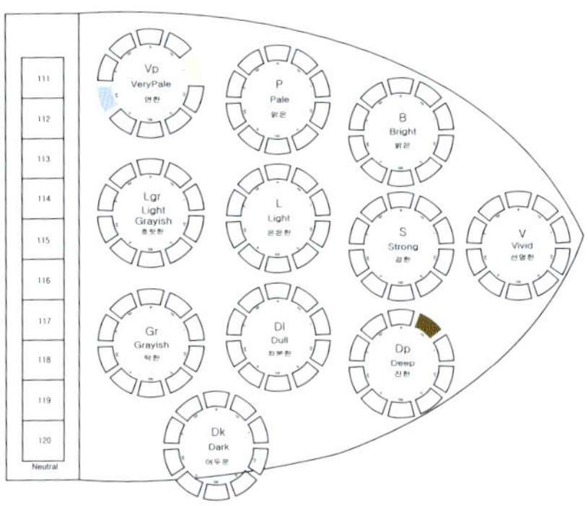

(6) 배색기법에 따른 배색

배색을 할 때 가장 기본이 되는 것은 바로 면적비에 따른 적용이라 할 수 있다. 전체 배색에서 가장 큰 면적을 차지하는 것을 베이스 컬러(base color, 주조색)라고 하는데, 전체 면적의 약 65~70%를 차지하는 색을 말한다. 또한 약 25~30%정도의 색을 어소트 컬러(assort color, 보조색)라고 하며, 가장 면적이 작으면서도 전체 배색의 포인트가 되는 색을 악센트 컬러(accent color, 강조색)라고 한다. 이번 장에서는 색상이나 색조의 특징을 살려 실전에서 자주 사용되는 배색기법들을 알아보고 배색연습을 해보도록 한다.

① 그라데이션(Gradation)

그라데이션 배색이란 색의 흐름이 연속적으로 변화하도록 하는 배색으로서 밝은 색에서 어두운 색으로의 변화, 또는 저채도에서 고채도의 색으로의 변화를 이용하여 배색하는 방법이다. 연속적인 변화의 흐름이 같은 간격으로 변화하도록 하는 것이 바람직하다. 그라데이션 배색은 눈에 띄는 효과와 함께 리드미컬한 이미지를 나타낸다.

무채색의 그라데이션

색상의 그라데이션

채도의 그라데이션

명도의 그라데이션

② 분리효과에 의한 배색(Separation)

분리 배색이란 색과 색의 관계가 모호하거나, 색들이 모두 강하고 현란한 색일 경우에 색 사이에 무채색인 흰색, 검정색, 회색과 같은 무채색을 넣어줌으로써 명쾌하고 확실한 느낌을 나타내는 배색방법이다. 전체의 색들과는 반대 명도의 무채색을 사용하는 것이 좋다. 예를 들면 전체 배색이 밝은 원색일 경우에는 검정색을, 전체 배색이 어두운 색조일 경우에는 흰색을 삽입하여 배색한다. 스테인드글라스나, 애니메이션, POP광고 등에 흔히 사용되는 배색방법이다.

YR/V N1.5 B/B

PB/Dp N9.5 P/Dp

③ 리피티션(Repetition)

리피티션 배색이란 2개 이상의 색을 반복시켜 일정한 패턴을 만드는 배색방법으로서 스트라이프 무늬에서부터 우리나라의 색동저고리, 단청문양, 조각보 등의 예를 찾아볼 수 있다.

④ **톤인톤(Tone in Tone)**

톤인톤 배색이란 동일한 톤 내에서 배색하는 방법으로서 선명한 색조나 연한 색조끼리 배색하여 통일된 느낌을 주는 배색을 말한다.

RP/P YR/P Y/P

⑤ 톤온톤(Tone on Tone)

톤온톤 배색이란 '톤 위에 톤을 올리다, 겹치다' 라는 뜻으로서 동일색상이나 인접색상 내에서 명도의 차이를 크게 내어 배색하는 방법이다. 색상의 통일감을 주되 색조의 차이가 크게 나므로 명확하고 확실하며 분명한 느낌을 준다. 식빵의 브라운 색으로 눌은 부분과 아이보리 색과의 관계에서 그 예를 찾을 수 있다.

YR/Dp YR/Vp YR/Dk

⑥ 멀티컬러(Multi color)

멀티컬러 배색이란 색을 다양하고 컬러풀하게 사용하는 배색방법이다. 주로 원색을 사용하지만, 색조의 차이를 크게 두어 배색하면 리듬감이 추가되어 다채로운 느낌을 줄 수 있다.

RP/Dp Y/P B/V N1.5 R/V

(7) 감정효과에 의한 배색

우리가 색을 지각할 때 단순히 색만을 보는 것이 아니라 그 사람의 교육환경이나 문화적인 영향으로 인한 여러 가지 심리적 요소가 수반되게 된다. 이러한 현상은 언어나 문자의 도움 없이도 사람의 지각에 영향을 주어 따뜻함이나 차가움, 좋고 싫음을 연상케 하는 것이다.

대부분의 사람들은 색에서 공통적인 심리적 연상을 갖게 된다고 알려져 있지만, 문화권이 다른 세계 여러 나라의 민족들을 살펴보면 매우 상이한 색 감각을 가지는 경우도 종종 있다. 이러한 심리적 효과들은 색의3속성인 색상, 명도, 채도에 따라서 그 속성이 드러난다.

① 온도감

색채에는 따뜻한 느낌의 난색(暖色)과 차가운 느낌의 한색(寒色)이 있다. 대부분 먼셀의 색상환을 기준으로 볼 때 빨강이나 노랑, 주황, 자주색에서는 따뜻한 느낌이 들고, 파랑이나 남색, 청록 등에서는 차가운 느낌이 연상된다. 이러한 색의 한난감을 실험한 예를 살펴보면, 같은 온도의 물을 담은 비커에 빨강과 파랑의 물감을 풀어놓고 손가락을 넣어 본 후 그 온도를 가늠하게 하는 실험에서도 파랑에서보다 빨강에서 체감온도를 높게 느끼는 것으로 나타났다고 한다.

이처럼 색의 삼속성 중에서도 특히 색상의 차이에 따라서 '차갑다', '따뜻하다' 라는 감정을 지각한다고 알려져 있다. 그리고 난색과 한색의 중간에 자리 잡은 연두와 녹색, 보라색은 따뜻하지도 차갑지도 않은 '중성색' 이라고 한다.

② 흥분과 침정

강한 자극이 느껴지는 색을 흥분색이라고 하고, 안정되고 침착해 보이는 색을 침정색이라고 한다. 흥분감과 진정감은 삼속성 중에서도 색상의 영향이 가장 크므로 한색보다는 난색이 흥분되는 느낌을 주는 것으로 알려져 있다. 또한 채도도 영향을 주어 저채도보다는 고채도의 색이 강한 흥분감을 일으키는 색이다. 따라서 침착함이 요구되는 학생의 공부방이나 사무실과 같은 곳에서는 파랑색 계열이 알맞고, 피트니스 센터나 활기찬 느낌의 공간에서는 난색 계열이 적절하다.

한색일수록, 저채도일수록 침정되는 느낌이 든다.

③ 진출과 후퇴

실제 거리는 같지만, 가까이 있는 것처럼 나와 보이는 색과 뒤로 물러나 보이는 색의 느낌을 진출과 후퇴라고 한다. 진출감과 후퇴감은 삼속성 중에서도 특히 명도의 영향을 크게 받는다. 밝은 색은 진출해 보이고, 어두운 색은 후퇴되어 보이며, 저채도의 색일수록 후퇴되는 느낌이 들고, 고채도의 색일수록 진출되어 보인다. 그러나 주의할 점은 배경색에 따라서도 달라질 수 있다는 것이다. 배경과의 명도 차이가 클수록 진출해 보이고 명도 차이가 적을수록 후퇴되어 보인다.

④ 부드러움과 딱딱함

부드럽고 딱딱한 정도는 명도가 높을수록 부드럽게, 명도가 낮을수록 딱딱하게 느껴진다. 또한 한색보다는 난색이 부드러워 보이므로, 연약한 피부를 가진 유아용품이나 달콤하고 부드러운 음식제품의 포장지 등에서는 제품의 느낌을 잘 전달할 수 있도록 배색하여야 한다.

⑤ 팽창과 수축

색을 볼 때 같은 면적임에도 불구하고 부풀어 보이거나, 수축되어 보이는 효과를 말한다. 특히 명도에 따라 고명도의 색일수록 팽창되어 보이고, 저명도의 색일수록 수축되어 보인다. 또한 색상의 속성도 영향을 주어 한색보다는 난색이 팽창되어 보인다.

TIP 시각에 의한 색의 성질

주목성_ 사람의 눈에 자극을 주어 눈길을 끄는 성질을 말하며, 빨강이나 주황, 노랑이 주목성이 높고 파랑이나 보라, 검정과 같은 색은 주목성이 낮은 색이다.

주목성이 강한 색의 순서

시인성_ 명확하게 눈에 잘 들어오는 성질을 말하며 배색에 있어서 바탕과 무늬의 색상, 명도, 채도의 차이가 클수록 시인성이 높아진다.

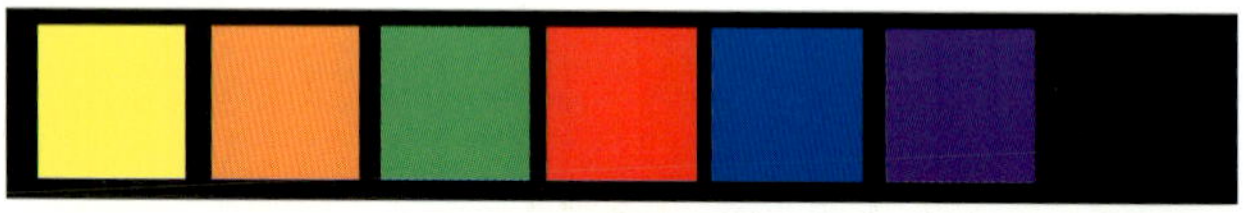

검정색 배경일 경우

흰색 배경일 경우

가독성_ 가독성이란 문자나 형태, 색채 등을 식별할 수 있는 정도를 말하며 시인성이 높을수록 각 형태와 색채의 구별이 뚜렷할수록 가독성이 높아진다.

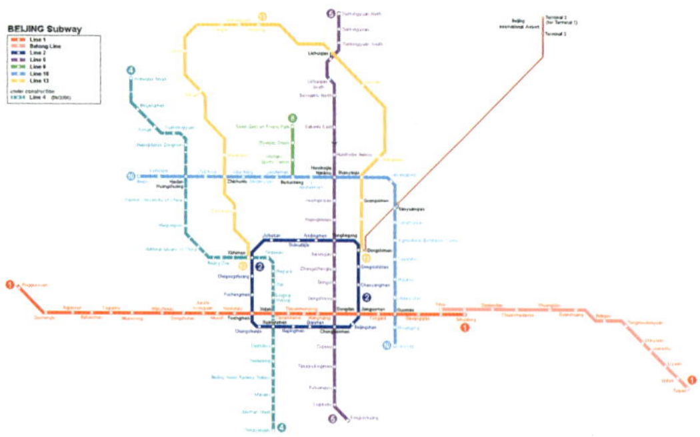

(8) 공감각에 의한 배색

우리가 지각할 수 있는 감각은 크게 오감(五感)이라고 하여 시각, 청각, 후각, 미각, 촉각으로 나눌 수 있다. 이 감각들은 서로 간에 교류현상이 일어나 자극이 상호작용하게 되는데, 특히 색에 기반을 둔 감각의 공유현상을 색채의 공감각(synesthesia)이라고 한다. 이러한 공감각의 대표적인 현상이 바로 '색청(色聽)' 인데, 소리를 듣고 색을 연상하거나 색을 보고 소리를 연상하는 것을 말한다. 또 '느끼는 색', '향기 나는 색', '먹는 색' 등의 이미지들에서 색의 감성 통합체로서의 기능을 잘 대변해 주고 있다.

이러한 공감각적 특성을 잘 활용한다면 음식이나 제품의 특성을 보다 잘 살려 마케팅에서도 상당한 효과를 거둘 수 있다. 색채마케팅으로 성공한 예를 살펴보면 애플사의 'iMac'과 같은 경우에는 '먹고 싶다' 라는 욕구이론을 활용한 마케팅 전략으로 침체되어 있던 퍼스널 컴퓨터 분야를 활성화시켰다. 이것은 회색 위주였던 기존의 컴퓨터 제품에 반투명한 폴리카보네이트를 사용하여 다섯 가지 과일의 색채를 적용한 것이다. 이와 같은 색채마케팅 전략은 소비자의 구매욕구를 자극함과 동시에 디자인의 발전에도 큰 영향을 끼치고 있다.

① 맛과 색채

새빨갛게 익은 사과나 잘 익은 감귤과 같이 음식에서의 색채는 식욕을 돋우기도 하고, 도리어 감퇴시키기도 한다. 이러한 것은 거의 즉각적인 반응을 일으키므로 제품과 관련된 색채는 효과적으로 내용물의 맛이나 향기와 같은 정보를 전달하여야 한다. 이것은 문화권이 다른 지방이나 국가적인 특성을 잘 고려하면서도 음식에 대한 보편적인 경험을 살려 보편적으로 이해될 수 있는 정보가 되어야 한다.

앞에서 살펴본 단색이미지와 맛과의 상관관계는 매우 긴밀하게 작용하는데, 빨간색은 식욕을 자극하는 1순위의 색으로서 평소보다 훨씬 더 많은 양의 음식을 먹게 되고 달콤한 느낌과 함께 포만감을 주는 색채로 알려져 있다. 식욕을 일으키는 색은 빨강 외에도 주황과 노

랑이 있으며, 이는 많은 색채학자들의 실험을 통해 규명된 것이다.[1]

실험의 예를 살펴보면, 참가자 그룹을 두 개로 나누고, 한 그룹은 빨간색 그릇에 담긴 음식으로, 다른 한 그룹은 파란색 그릇에 담긴 음식으로 식사를 하도록 했다. 그 결과 같은 공복상태였음에도 불구하고 앞의 빨간색 그룹이 식사 양과 맛을 더 크게 느꼈고, 맛과 포만감에 대한 평가도 높게 나타났다고 한다. 따라서 파란색의 경우에는 식욕을 감퇴시키는 경향이 있으므로 다이어트를 할 때에는 단파장 계열의 색채가 훨씬 적절한 색채가 된다.

맛과 색채에 대한 연구는 프랑스의 색채연구가인 모리스 데리베레(Maurice Deribere)의 결과를 기준으로 배색을 살펴보도록 한다.

▪▪단맛 – Red, Pink

달콤한

1) SBS스페셜 [컬러혁명, 色을 알면 인생이 달라진다], 2007, 5.

■■짠맛 – Blue-green, Grey, White

짠맛

■■신맛 – Yellow, Yellow-green

신맛

▪▪쓴맛 - Brown-maroon, Olive green

쓴맛

② 향기와 색채

진한 커피와 같이 깊고 그윽한 향기에서는 떠오르는 색채 또한 다소 어두운 브라운의 색이다. 향기로운 라일락 꽃내음, 또한 톡 쏘는 레몬의 향기는 특정 색채이미지를 연상케 한다. 대부분의 향기와 색채의 연상 작용을 살펴보면 순색과 같이 고채도의 색이나 고명도의 색은 향기로운 감각을 일으키고, 명도와 채도가 낮은 난색 계열은 나쁜 냄새의 이미지를, 어두운 Deep 톤의 색조는 진한 냄새를 연상시킨다. 모리스 데리베레의 향기와 색채에 대한 연구를 보면 다음과 같은 연상 작용을 일으킨다고 한다.

■■Camphor(장뇌향) – White, Light blue

■■Floral(꽃향기) – Rose

■■Musk(사향) – Red-brown, Golden yellow

■■Ethereal(에테르향) – White, Light blue

■■Mint(박하향) – Green

③ 소리와 색채

뉴턴의 논문인 「광학」을 보면 스펙트럼 상에 나타난 일곱 가지 색과 음악의 7음계를 관련지어 조화론을 설명하려는 시도가 등장한다. 빨강은 도, 주황은 레, 노랑은 미, 녹색은 파,

파랑은 솔, 남색은 라, 보라는 시로 연결된다. 또한 카스텔(Castel)은 색채와 음악의 척도를 연구하고 각 음계(C는 청색, D는 녹색, E는 노랑, G는 빨강, A는 보라)와 색을 연결시켰다. 하지만 이와 같은 색채와 음악에 대한 연구는 일반화된 이론으로는 발전하지 못하는 한계점을 보여주기도 하였다. 소리와 색채를 연결하여 예술로 승화시킨 대표적인 미술가가 바로, 데 스틸(De stijl) 화파의 '몬드리안(Mondrian)' 인데 그는 '브로드웨이 부기우기(Broadway Boogie-Woogie)' 라는 작품에서 뉴욕 거리의 역동적인 움직임과 소리 등을 색채언어로 표현했다고 한다.

이렇듯 소리와 색채는 공감각적으로 밀접한 관계에 있는 현상으로 대부분의 사람들은 낮은 음에서 어두운 색이 연상되고, 높은 음에서 고명도, 고채도의 색이, 탁음에서는 회색 위주의 색상이, 예리한 음에서는 순색과 비슷한 맑고 선명한 색채가 연상된다고 한다. 또한 똑똑한 말소리에서는 선명하고 높은 채도의 색이, 다정한 대화에서는 밝고 화사하고 따뜻한 색채가 연상된다.

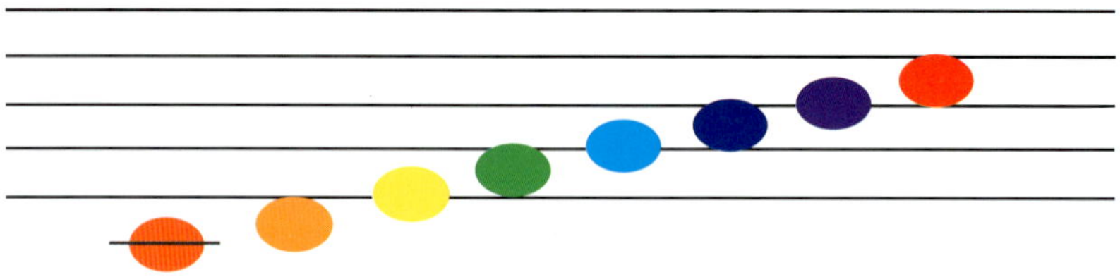

④ 형태와 색채

많은 학자들이 형태와 색채를 연구하였는데, 대표적인 학자가 바로 독일의 바우하우스에서 색채교육을 담당했던 '요하네스 이텐(Johaness Itten)' 이다. 그는 다음과 같은 이론을 주장하면서 대부분의 사람들이 연상하는 형태감에는 고유의 색채감각이 존재한다고 주장하였다.

대체적으로 노랑은 뾰족하고 날카로운 이미지를 주고 영적인 느낌이 강한 도형을 연상시킨다. 또한 빨강은 유목성이 높고 단단하면서도 견고한 느낌을 주기 때문에 사각형이 연상되며, 파랑이나 보라와 같은 색은 차갑고 투명한 이미지로 원이나 구를 연상시킨다고 알려져 있다.

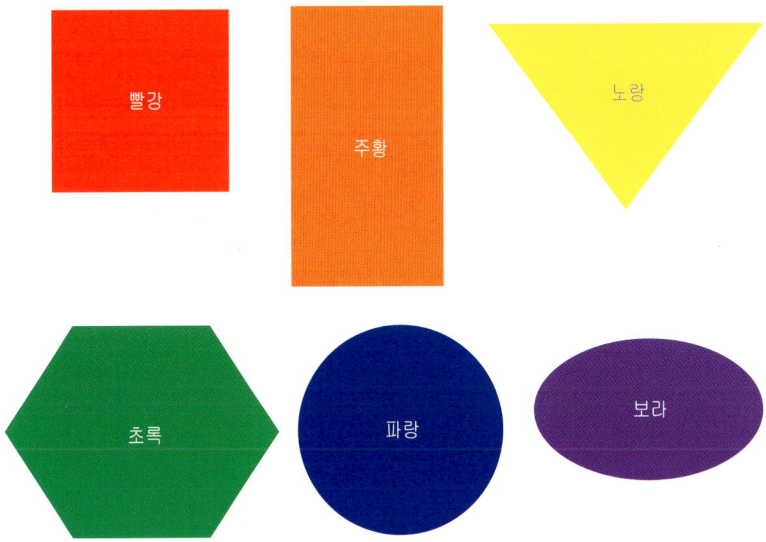

TIP 요하네스 이텐(Johaness Itten)의 형태와 색채

- 같은 길이의 두 수직, 수평선이 교차하는 사각형은 물질성, 중력, 그리고 날카로움의 한계를 상징한다.
- 수직과 수평선의 특성이 있는 모든 모양은 사각형과 관련이 있다.
- 세 개의 교차선으로 구성된 삼각형은 호전성과 적극성을 대변하며, 대각선으로 형성된 모든 모양과 관련이 있다.
- 중심에서 동일한 위치를 갖는 점들의 궤적으로 형성된 원은 편안함과 안정을 대변하며 정신성을 상징한다.

(9) 형용사 이미지 배색

우리는 좋은, 밝은, 가벼운 등의 개념을 다른 사람에게 설명하려고 할 때 그것을 수량적으로나 객관적으로 설명하기가 매우 어렵게 느껴진다. 그 이유는 우리가 사용하고 있는 감정상의 언어들은 구체적인 형태나 모양이 아니라, 우리의 마음속에서 느껴진 추상적 개념을 일컫는 말이기 때문이다.

그러나 이러한 기호나 이미지는 정보를 분석하거나 소비자의 마케팅 자료로 활용하게 될 경우에, 정량화된 의미로 해석해야 하는 상황이 있게 된다. 따라서 감성적이고 애매모호한 이미지들에 뚜렷한 기준이 되는 의미공간을 활용함으로써 객관성을 부여하고자 만들어진 공간이 바로 색채기호 조사에 흔히 사용되고 있는 '색채 이미지 공간' 이다.

이 색채 이미지 공간은 단색 이미지 공간, 배색 이미지 공간, 형용사 이미지 공간으로 나뉘는데, 모두 부드러운(soft), 딱딱한(hard), 동적인(dynaminc), 정적인(static)의 4가지 기본 축으로 이루어진 공간을 활용하고 있다.

이렇게 개발된 3가지의 색채 이미지 공간은 한국인이 갖고 있는 색채 감성의 특징을 명료하게 나타내며, 이를 활용하여 디자인의 조사, 분석, 적용, 관리의 색채 디자인 과정에 객관성을 높여 갈 수 있는 자료가 된다.

단색 이미지 공간

우리나라에서 사용되는 대표적인 단색을 SD법을 이용하여 요인을 분석한 다음 단색 이미지 공간에 위치시킨 것을 말한다.

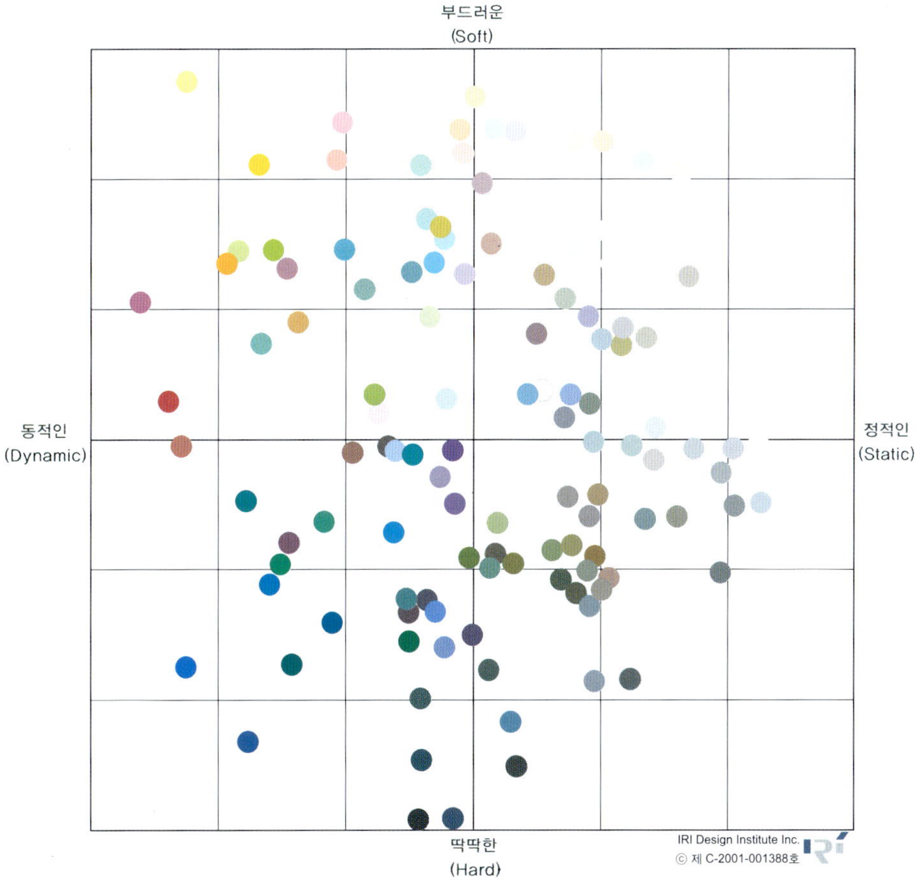

■■배색 이미지 공간

단색이미지 공간 개발의 SD 실시에 사용된 형용사에 대하여 배색을 수집하고, 수집된 배색을 대상으로 SD법 요인분석을 실시하여 공간에 위치를 정한 것을 배색 이미지 공간이라고 한다.

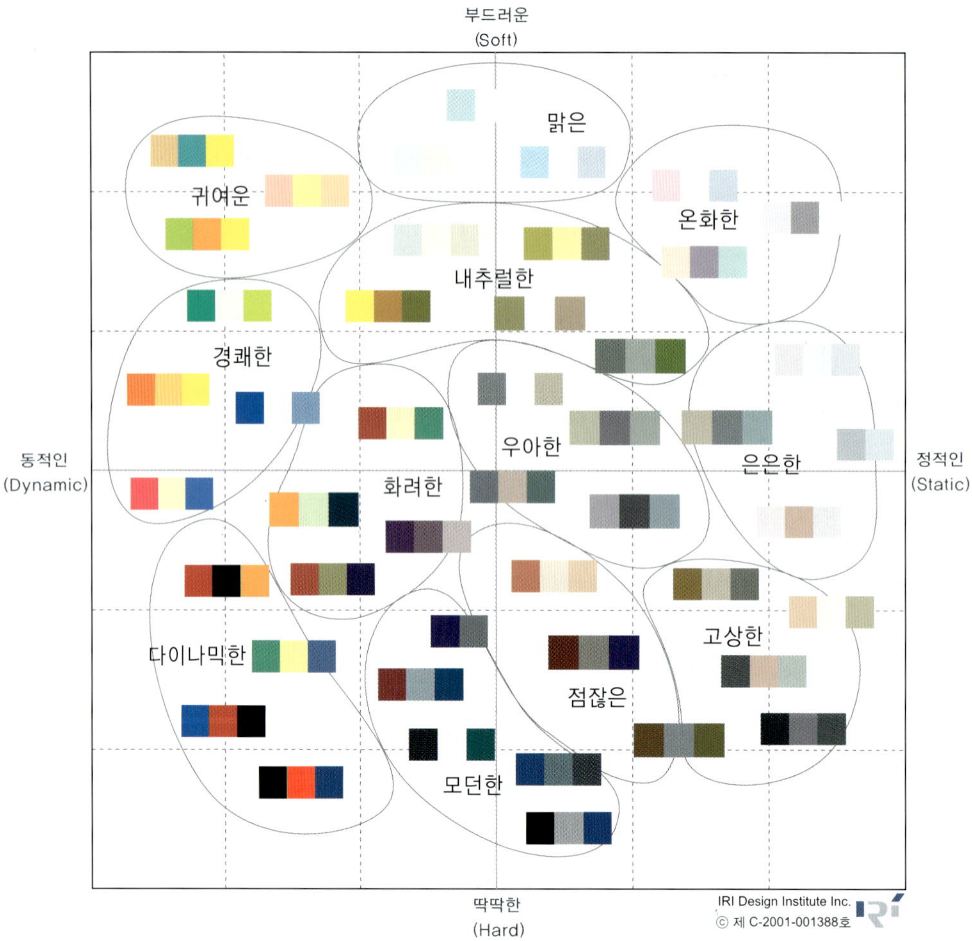

■■형용사 이미지 공간

초 · 중 · 고등학교 교과서, 전문 디자인지, 잡지류에서 빈도별로 형용사를 수집하여 총 619개 형용사 중에서도 활용도가 높은 104개를 사용하여 SD법으로 평가된 이미지들을 공간에 위치시킨 것을 말한다.

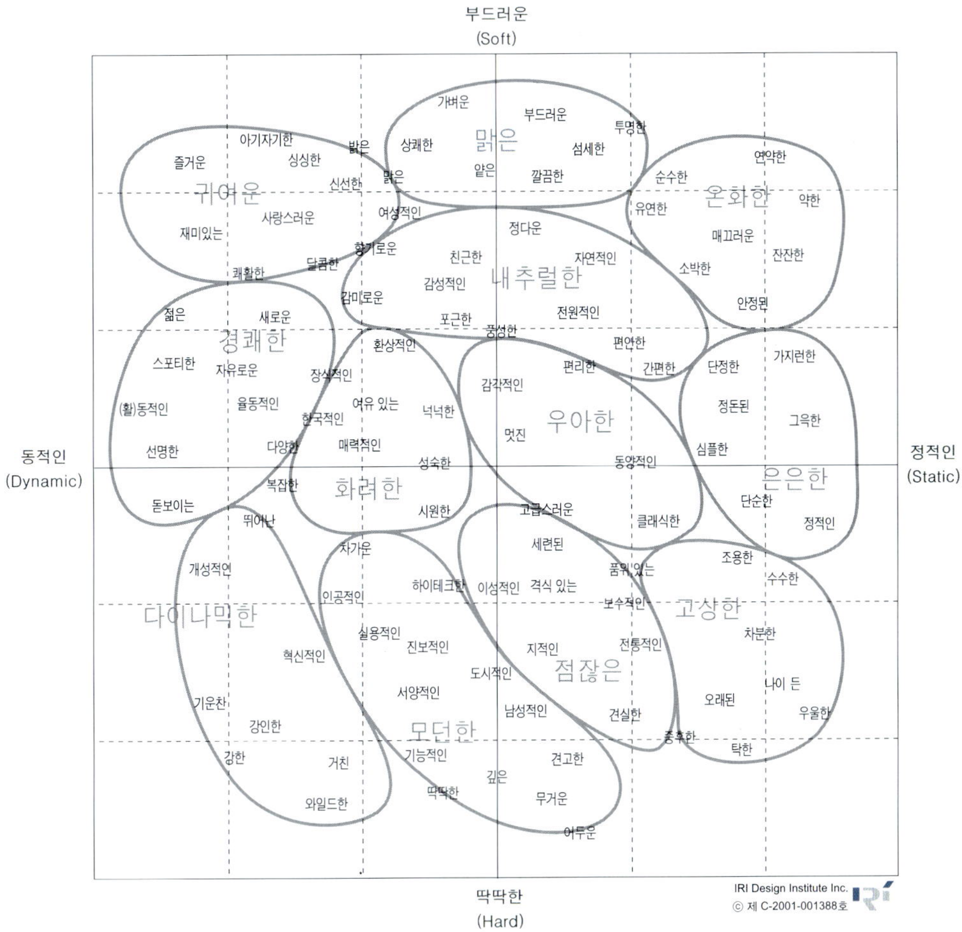

① 귀여운

귀여운 이미지는 아기자기하고 사랑스러운 연령대인 어린이를 연상할 수 있는 이미지이다. 따라서 밝은 Bright 톤을 기준으로 화사하고 맑은 이미지이면서도 활동적인 느낌을 주는 배색이 좋다. 주로 노란색, 빨간색, 연두색과 같이 밝고 선명한 색조의 색과 다양한 악센트 색을 사용하여 발랄하면서도 사랑스러운 이미지를 만들 수 있다.

■■ 관련 형용사 – 사랑스러운, 아기자기한, 달콤한, 즐거운, 재미있는

■■ 컬러 출현율

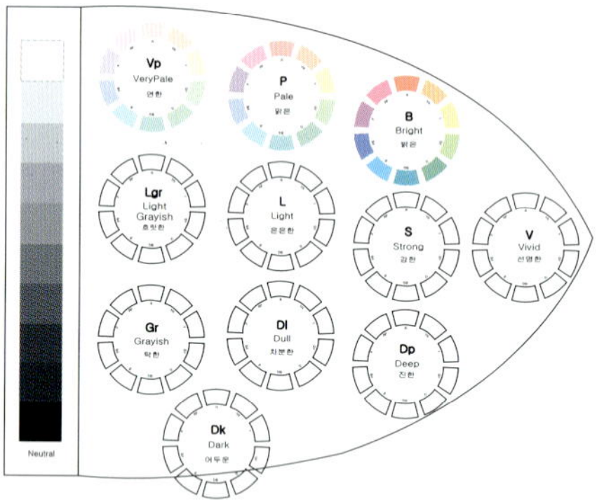

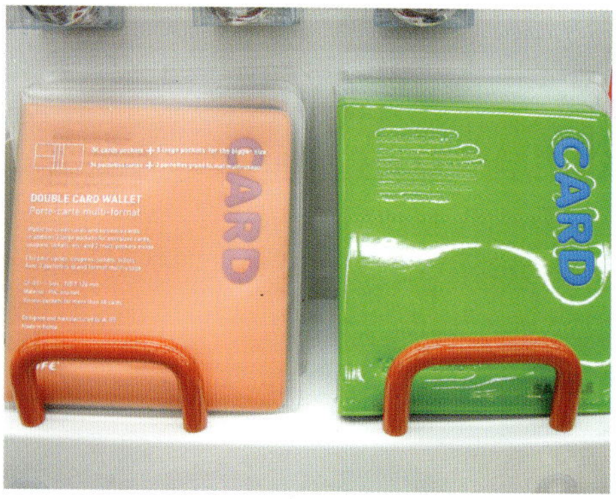

② 경쾌한

경쾌한 이미지는 젊은이들의 활달한 분위기와 활동적이면서도 밝은 느낌을 가지고 있는 이미지로서 원색과 함께 밝고 화사한 색조를 배색하면 경쾌한 이미지를 만들 수 있다. 10대들을 대상으로 하는 팬시 상품이나 집 안의 악센트로 활기를 불어넣어 주는 인테리어 소품 등에서 많이 볼 수 있는 배색이다.

▪▪관련 형용사 – 젊은, 쾌활한, 즐거운, 개방적인

▪▪컬러 출현율

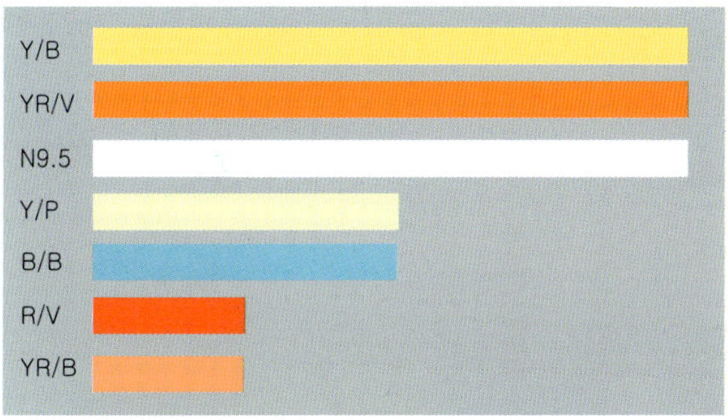

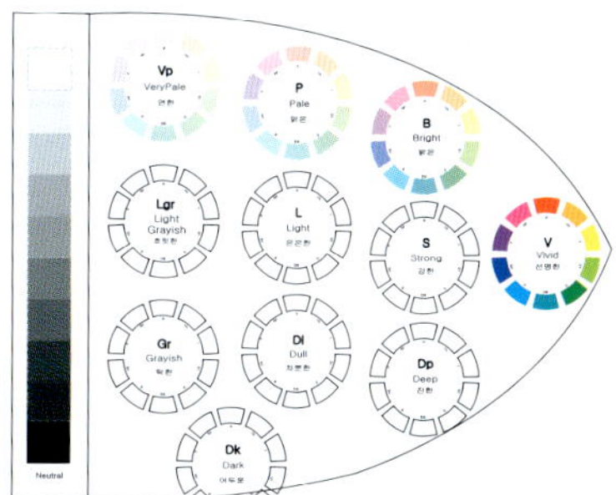

③ 다이나믹

다이나믹한 이미지는 이글이글 타오르는 태양과 같이 열정적이고 강한 이미지의 배색이다. 정열적인 다이나믹 이미지는 경쾌한 이미지보다 훨씬 강하고 거친 운동 이미지를 나타내므로 운동감이 강하게 느껴지도록 원색 위주의 색상을 사용하되 색조의 콘트라스트를 두어 배색하도록 한다.

▪▪관련 형용사 – 강렬한, 기운찬, 역동적인, 개성적인

▪▪컬러 출현율

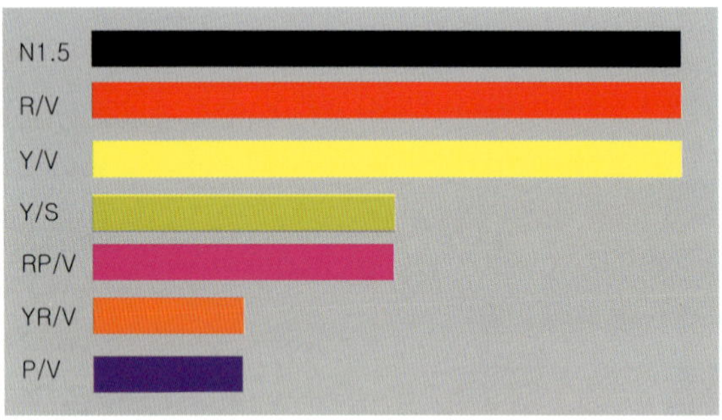

④ 모던한

모던 이미지는 '현대적, 근대적' 이라는 의미로서 도회적인 감성과 미래 첨단의 분위기, 진취적이고 개성적이며 선진적인 감각의 이미지를 말한다. 따라서 차갑고 단단한 느낌의 색을 사용하도록 하고, 몬드리안의 그림처럼 검은색과 흰색, 선명한 빨간색과 파란색의 대비로 도시적이고 진보적인 이미지를 이끌어 내도록 한다.

▪▪관련 형용사 – 진보적인, 도시적인, 인공적인, 샤프한

▪▪컬러 출현율

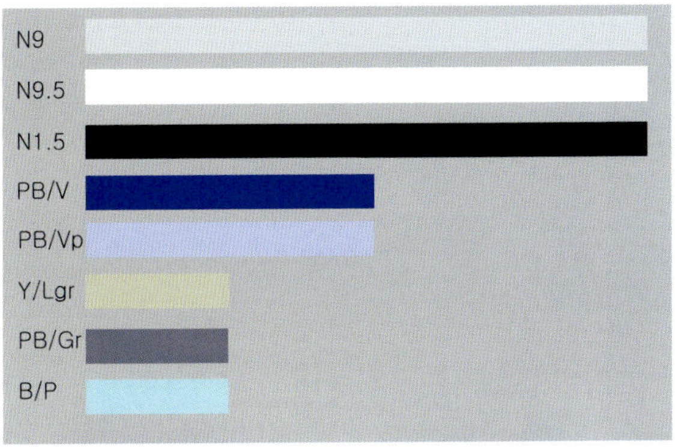

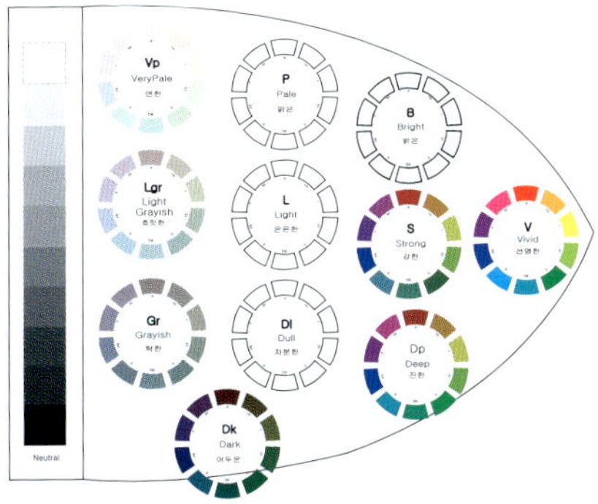

⑤ 맑은

맑은 이미지는 투명하고, 가벼우며, 깨끗한 분위기를 말한다. 숲 속의 맑은 공기, 유리컵에 들어있는 얼음물과 같이 차갑고 투명한 것들에서 우리는 맑은 이미지를 느낀다. 따라서 맑은 이미지를 표현하기 위해서는 명청색조 중에서도 가장 흰색이 많이 섞인 Very Pale 톤을 주조색으로 사용하되 색상의 구별은 그리 많지 않으므로 자유롭게 사용할 수 있다. 무채색으로는 흰색이 주로 이용된다.

▪▪관련 형용사 – 투명한, 깨끗한, 섬세한, 밝은, 깔끔한

▪▪컬러 출현율

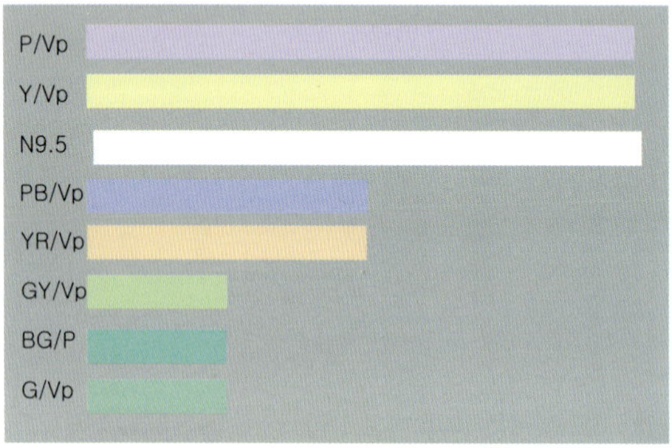

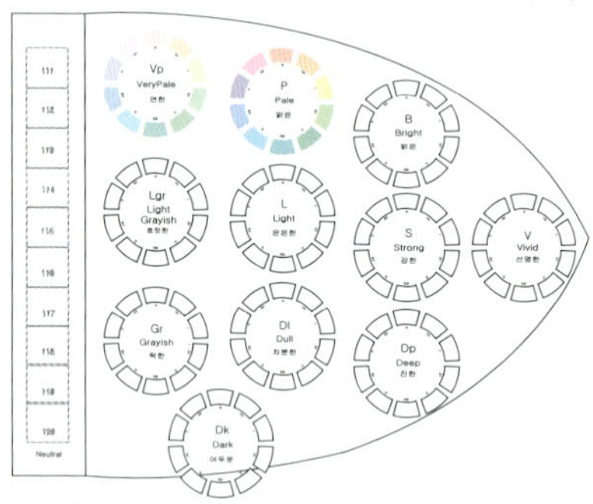

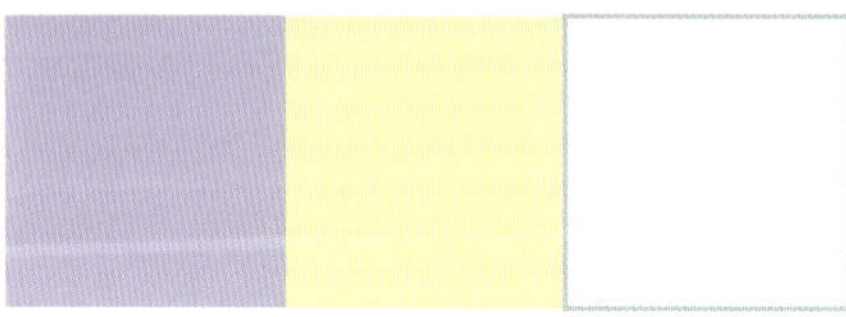

⑥ 내추럴

내추럴 이미지는 자연이 나타내는 신선함과 친근함, 아늑함의 느낌이다. 평화로운 자연 풍경에서 느껴지는 상쾌한 기분, 싫증 나지 않고 부드러우며 친근감이 있는 이미지라 말할 수 있다. 내추럴 이미지를 표현하려면 자연스러운 편안함을 주는 나무의 차분한 베이지색이나 연한 갈색 등을 주로 사용해야 하며 자칫 진한 녹색을 많이 사용하면 차가운 느낌을 줄

수 있으니 주의하여야 한다. 색조 또한 밝은 회색이 약간 섞인 Light 톤이나 Very Pale 톤을 주로 사용한다.

■■관련 형용사 – 전원적인, 편안한, 친근한, 소박한, 부드러운

■■컬러 출현율

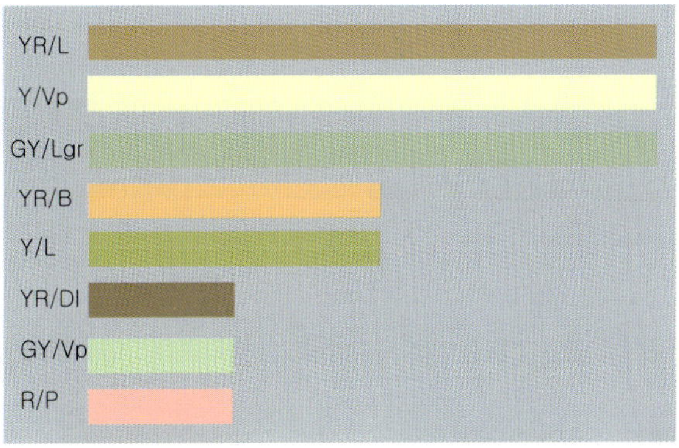

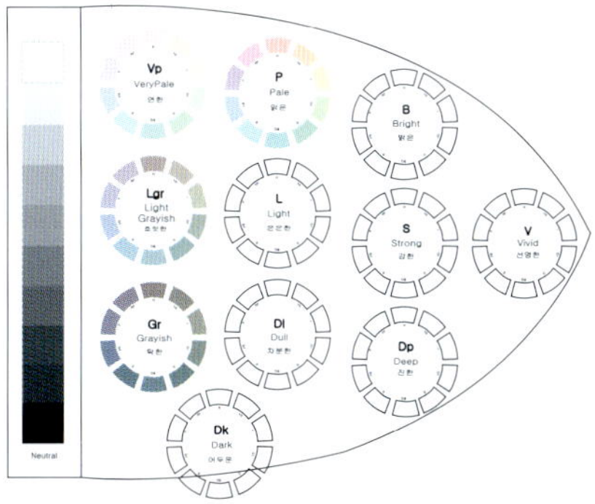

⑦ 우아한

우아한 이미지는 20대에서 30대 초반의 원숙하고 여성스러운 분위기가 연상되는 배색을 말한다. 양반가의 기품이나 절제된 행동에서 느껴지는 고귀함, 지나치게 화려하지도 않으면서도 럭셔리함을 표현해주는 명품들에서도 느낄 수 있다. 따라서 연한 분홍색이나 약간은 회색조의 보라색을 적절히 사용하면 감각적이면서도 기품 있는 느낌을 표현할 수 있다.

▪▪관련 형용사 – 멋진, 세련된, 여성스러운, 기품 있는, 동양적인

▪▪컬러 출현율

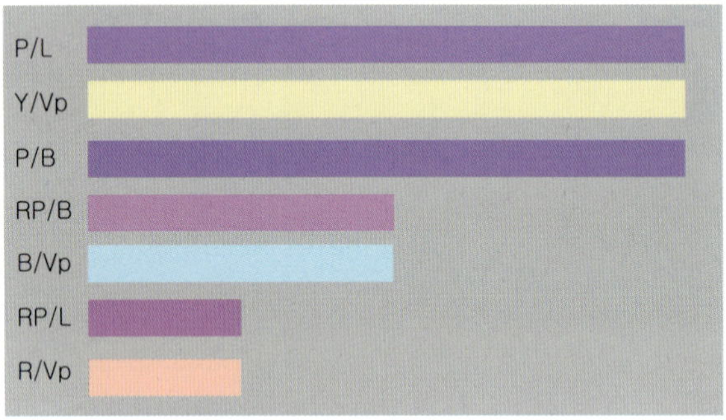

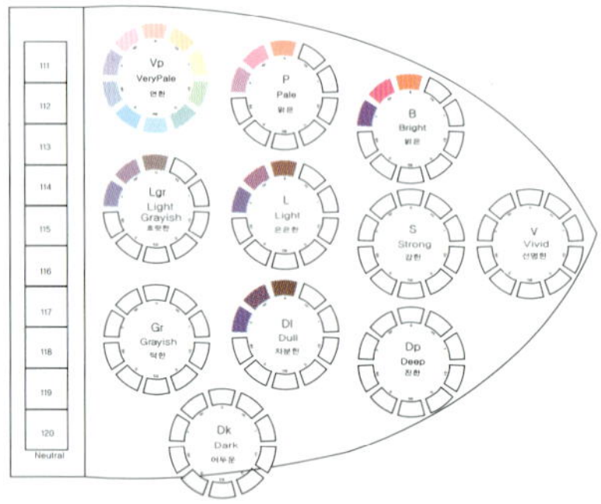

⑧ 화려한

화려한 이미지는 강하고 장식적인 요염함을 나타내는 형용사이다. 매혹적인 장미꽃과 함께 화려하고 사치스러운 이미지인 '화려한'은 보통 원색의 자주색과 보라색, 빨간색 등의 난색 계열이 주를 이루지만, 보라와 어두운 빨강을 사용하되 고채도 위주의 강하면서도 색상 차이와 톤 차이를 크게 두어 눈에 띄는 효과를 내도록 한다.

■■ 관련 형용사 – 매력적인, 장식적인, 요염한, 복잡한, 다양한

■■ 컬러 출현율

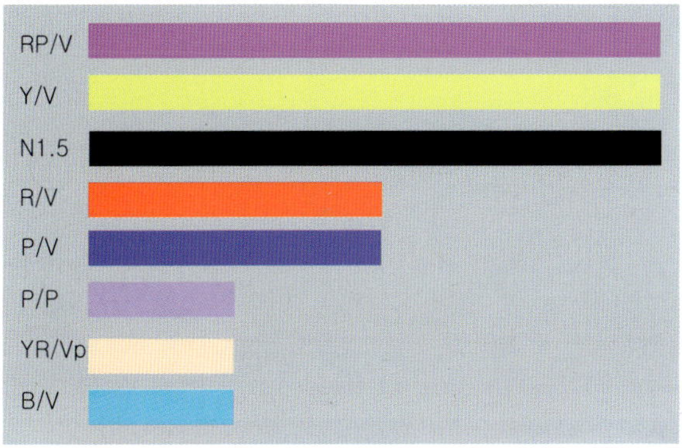

⑨ 온화한

어머니의 포근한 가슴이나, 새끼를 품은 어미새의 부드러운 털에서 우리는 온화한 이미지를 느낄 수 있다. 정서적으로 부드러움이나 안정감을 느끼게 해주는 이미지인 온화한 이미지는 주로 빨간색이나 주황색 계열의 소프트한 색과 같이 우리 피부색에 가까워 좋은 촉감이 느껴지는 온기 있고 부드러운 배색이나, 맑은 노란색이 들어간 Very Pale 톤이나 Pale 톤을 주로 사용한다.

▪▪관련 형용사 – 소박한, 부드러운, 따뜻한, 약한, 순수한

▪▪컬러 출현율

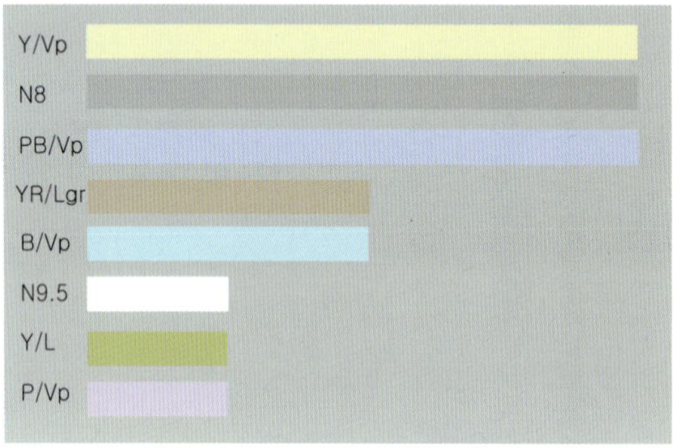

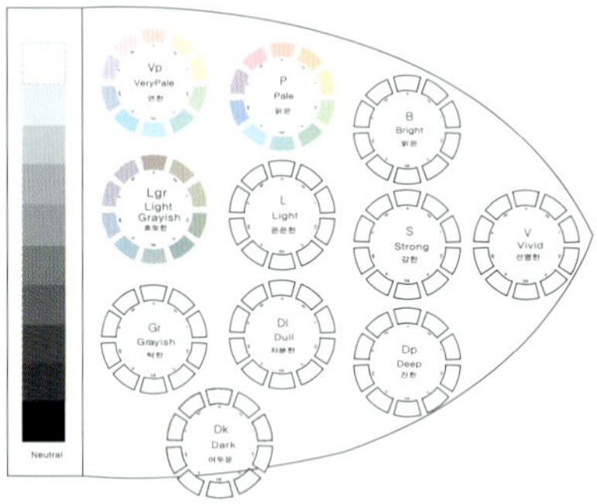

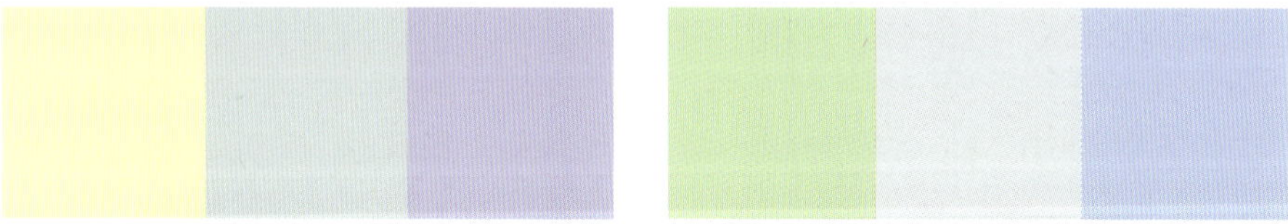

⑩ 은은한

은은한 이미지는 꾸미지 않은 듯 자연스러운 부드러움을 나타낸다. 그윽하면서도 정적인 느낌의 무명옷, 심플하면서도 단아한 모습의 우리 고유의 도자기와 같이, 화려하지는 않지만 그 속에 깃들어 있는 기품이 느껴지는 것들에서 우리는 은은한 이미지를 느낄 수 있다. '맑은'과 '탁한'의 중간쯤에 위치하며 가볍지도 무겁지도 않은 배색들을 은은한 이미지라 말할 수 있다.

▪▪관련 형용사 – 그윽한, 단정한, 심플한, 가지런한, 정적인

▪▪컬러 출현율

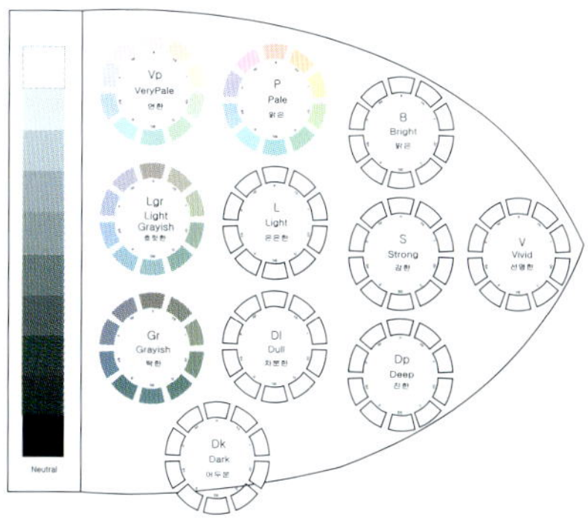

⑪ 점잖은

점잖은 이미지는 가벼운 이미지에 상반되는 이미지로 어둡고 무거우며, 탁한 느낌의 이미지이다. 차분하면서도 무게감이 느껴지는 임원실 인테리어나 고급스러운 세단형 자동차에서 우리는 점잖은 이미지를 느낄 수 있다. 청색계와 회색의 사용이 많아 좀 더 탁하고 정

적인 이미지를 느끼게 하여 고상한 이미지와는 약간 차이가 있는 남성적인 이미지로 표현해야 한다.

■■관련 형용사 – 견실한, 중후한, 격식 있는, 보수적인

■■컬러 출현율

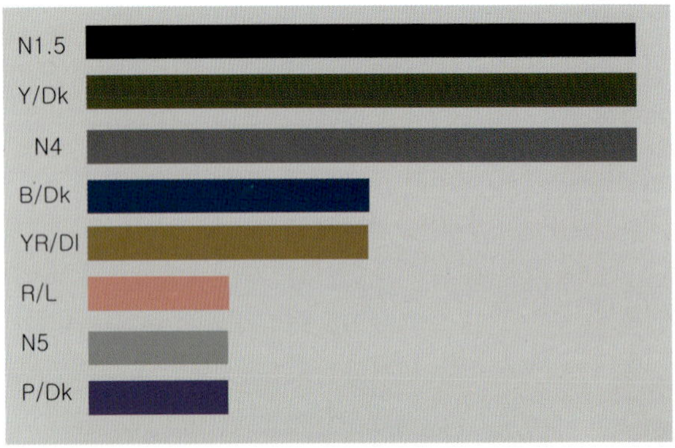

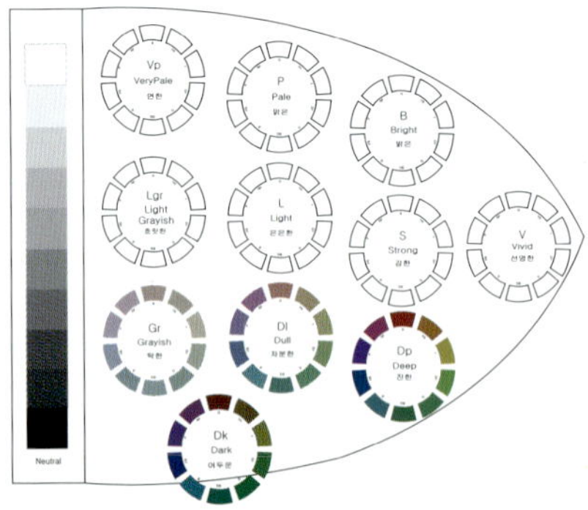

⑫ 고상한

고풍스러운 이미지와 유사할 수도 있지만, 좀 더 어둡고, 하드한 이미지이다. 고급스러운 서재가구, 격식 있는 남성복 등에서 우리는 점잖은, 고상한 이미지를 느낄 수 있다. 배색에 있어서 검은색과 어두운 갈색이 고상함을 표현하는 데 필요한 색이다. 그런데 이 색들은 고상함을 표현함에 있어서 그 쓰임이 다른데, 묵직하고 튼튼한 느낌에는 갈색을 사용하고, 품격 있는 이미지에는 다크한 한색계나 회색을 주로 사용한다.

■■관련 형용사 – 차분한, 나이 든, 오래된, 탁한, 전통적인

■■컬러 출현율

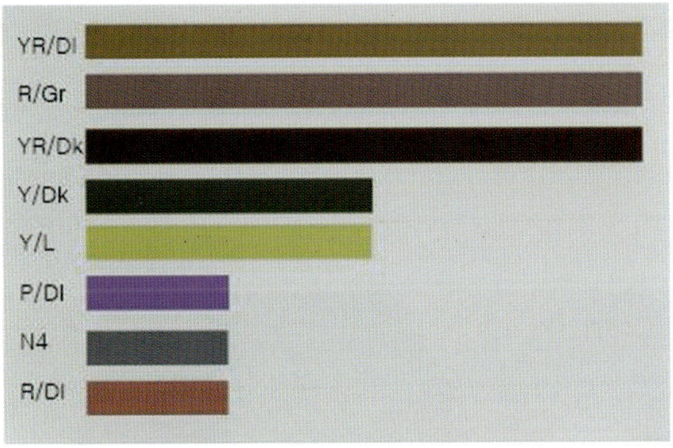

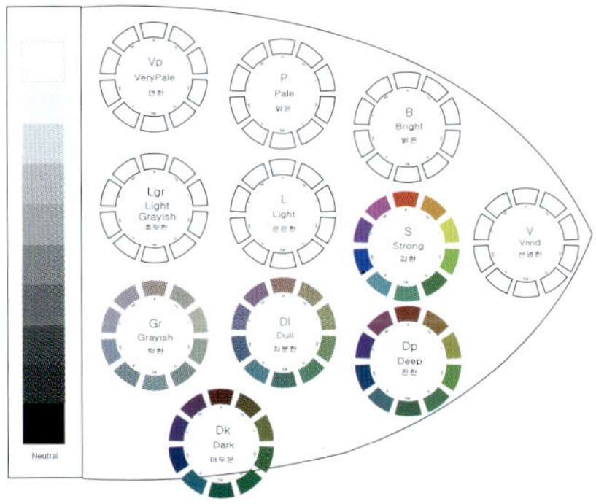

(10) 트렌드별 이미지 배색

트렌드란 용어의 사전적 의미는 경향, 동향, 추세를 말하고, 패션이나 문화적인 측면에서 새로운 유행스타일을 일컫는 말이기도 하다. 이는 고객의 필요와 요구를 파악하기 위해 꼭 필요한 정보이자 우리의 삶을 더욱더 여유 있고, 풍요롭게 만드는 영감의 원천이 될 수 있는 자료가 된다.

요즘과 같은 다양한 문화권이 공존하고 있는 시대에는 뭔가 특이하고 새로운 것을 창출하는 것이 더 어렵게 느껴진다. 세계에서 일어나는 일들이 위성을 통해 속속 전달되고 어떤 일들이 일어나고 있는지도 빠른 시간 내에 알 수 있게 된 시대에 살고 있다. 따라서 디자이너에게는 이러한 변화무쌍한 흐름들 속에서 어떤 것에서 연유된 정보인지 파악할 줄 아는 눈이 필요하고 문화적 흐름에 발맞추어 획기적인 디자인을 행하여야 할 것이다. 따라서 이번 장에서는 기본적인 트렌드별 배색들을 알아보고 스타일링에 접목할 수 있도록 한다.

① 고전주의(Classicism)

고전주의란 고대 그리스, 로마시대의 예술, 문학을 일컫는 말로 정형화된 형식을 특징으로 하는 예술 사조 중의 하나이며 낭만주의와 가장 대비되는 개념이라 하겠다. 즉, 엄격한 형식과 구성, 질서를 중요시하며 조화와 절제, 균형감을 추구하는 미적 태도로서 색채의 사용에는 원색을 자제하고, 차분한 색조와 고명도의 회색을 주로 사용하도록 한다.

② 로하스(Lohas)

로하스란 용어는 현대에 와서 등장한 새로운 라이프스타일을 가리키는 말로서 건강하고 풍요로운 삶을 뜻하는 환경 친화적이고 합리적인 가치관을 말한다. LOHAS는 2000년 미국의 내추럴 마케팅연구소가 처음 사용한 말로 건강과 지속가능성을 추구하는 라이프스타일(Liftstyle Of Health And Sustainabiliy)을 말한다. 자신과 가족의 건강과 사회적으로도 합리적인 개발, 소비경향을 추구하며 여러 대(代)를 거치면서 이어져 내려오는 인간중심적 디자인을 추구하는 용어라 하겠다.

③ 빈티지(Vintage)

빈티지란 젊은이들 사이에서 유행하고 있는 낡은 듯한 오래된 느낌의 패션 및 스타일을 의미한다. 주로 물질적 풍요 속에서 정신적 황폐함을 느끼는 현대인의 의식을 표현하기도 하는데, 새것에 대한 미학적 고찰을 새롭게 한 용어라 할 수 있다. 따라서 시간이 흐른 듯 오래되고 남루한 직물이나 의상, 여러 조각을 이어붙인 패치워크, 물이 빠진 청바지, 오래된 가구를 새롭게 손질한 것 등에서 빈티지를 엿볼 수 있다.

④ 아방가르드(Avant-garde)

아방가르드는 프랑스어의 군대용어로 가장 먼저 출발하는 선발대(Vanguard)를 일컫는 말이 있다. 최근에 아방가르드라는 단어는 영어, 독일어, 프랑스어에서 예술, 문화 혹은 정치에서 새로운 경향이나 운동을 선보인 작품이나 사람을 칭하는 말로 흔히 쓰인다. 따라서 기성의 예술 관념이나 형식을 부정하고 혁신적 예술을 주장하는 전위적이고 실험적인 스타일을 가리킨다.

⑤ 에스닉(Ethnic)

민속적이며 토속적인 양식을 가리키는 말로서 유럽이나 기독교문화권과는 대비되는 문화적 키워드라 할 수 있다. 주로 이슬람, 불교 등의 종교적인 문화가 배경을 이루고 민속적인 고유의 직물이나 문양, 자수 등을 연상하면 에스닉을 잘 이해할 수 있다. 주로 토속적이고 지역주의적인 현상인 에스닉 스타일은 1960년대에 들어 흔히 사용된 언어이자 제3문화권에 대한 관심이 낳은 시대사조이다. 주로 강렬한 색상대비와 화려한 패턴이 특징을 이루며 기하학적이고 추상적인 디자인도 흔히 볼 수 있는 이미지이다.

⑥ 포클로어(Folklore)

포클로어는 1960년대 히피문화의 영향으로 유럽의 농민이나 인디언 의상에서 모티브를 얻은 스타일로서 에스닉과 일맥상통하면서도 기독교문화권의 민속의상을 가리킨다는 것이 특징이다. 주로 다양성을 추구하고 자연주의적 경향을 일컫는 말로 유럽농민의 원시적이고 자연적인 성향을 가리키는 용어이다.

⑦ 하이테크(High-tech)

과학적으로 최첨단의 기술을 가리키는 용어인 하이테크는 하이 테크놀로지(High-technology)의 약자로 기계적으로 '신기술'을 말한다. 즉 다양한 소재와 현대적인 감각을 접목시킨 하이테크는 미래적이고 첨단적인 다양한 요소가 혼합된 디자인과 스타일을 가리킨다. 현대디자인에 있어서 미래주의, 미니멀리즘과도 일맥상통하는 하이테크는 모던하면서도 기능주의적인 성향의 트렌드를 말한다.

(11) 한국의 전통색

우리나라의 전통색(色)은 중국의 고대철학사상인 음양오행설(陰陽五行說)에 바탕을 두고 있다. 즉 우주만물과 삼라만상이 음(陰)과 양(陽)의 원리로 이루어져 있으며, 그 요소들이 서로 균형과 통합을 이루어 질서 있게 조화되어야 한다는 이론이다.

이것은 다소 상징적이고 주관적인 색채사상이라 할 수 있는데, 고대의 커뮤니케이션 수단인 언어나 전통, 사상이 발달되기 이전 시대에 상징성이 강한 색채사상이 고착된 예라 할 수 있다.

우리나라의 전통색의 특징을 살펴보면 신분의 차이에 따라 색을 달리 사용하였고, 색채의식 또한 문화적 영향으로 독특한 색채선호 경향을 보이고 있다. 주로 적색과 청색은 악귀를 쫓는 색이라는 벽사색(辟邪色 - 요사스러운 귀신을 물리친다는 뜻)의 의미를 가지고 있었고, 흉례(凶禮) 때에는 주로 백색과 흑색이 이용되었으며, 황색은 부분적으로 이용하였다.

① 오방색

음양오행사상의 기본이 되는 다섯 가지 방위인 동쪽, 서쪽, 남쪽, 북쪽, 중앙에 청색, 백색, 적색, 흑색, 황색인 5가지 기본색을 대입한 것을 오방색(五方色)이라고 한다.

전통적으로 동쪽을 상징하는 청색의 의미를 살펴보면 나무와 하늘, 음(陰)의 색을 의미하며, 일반인에게도 허락되어 흔히 사용되던 색이었다. 또한 서쪽을 상징하는 백색은 태양, 신성함, 광명이나 청렴을 의미하는 색으로서 흉례 때 많이 사용되던 백색인 소색(素色)을 의미하기도 한다. 남쪽의 상징색인 적색은 불(火)을 상징하고 따뜻함과 심장을 상징하기도 했다.

주로 벽사의 색으로서 귀신을 쫓고 길복의 색으로 여겨져 왔다. 북쪽을 상징하는 흑색은 음(陰)의 색으로서 물(水)을 의미하고 만물의 쇠퇴를 상징하는 부정적 이미지가 강했다. 마지막으로 중앙을 상징하는 황색은 흙(土)을 의미하고 가장 고귀한 것을 의미하는 색이었다. 이와 같은 오방색은 색동저고리나 복주머니뿐만 아니라 음식문화에도 반영되어 맛과 함께 미적 감각이 돋보이는 배색으로 흔히 활용되었다.

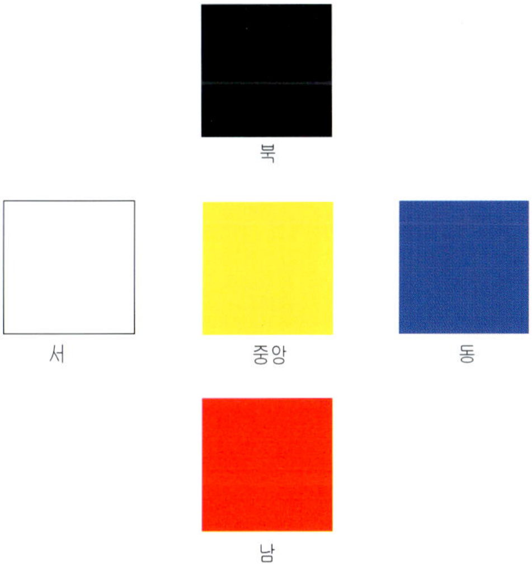

오행	계절	방위	색상	오륜
목(木)	봄	동	적(赤)	인(仁)
화(火)	여름	남	청(靑)	예(禮)
토(土)	토용지절	중앙	황(黃)	신(信)
금(金)	가을	서	백(白)	의(義)
수(水)	겨울	북	흑(黑)	지(知)

② 오간색

오간색이란 다섯 가지 방위의 사이에 해당되는 색으로서 오방정색을 섞어 만드는 중간색을 말한다. 동방 청색과 중앙 황색의 간색은 녹색(綠色), 동방 청색과 서방 백색의 간색인 벽색(碧色), 남방 적색과 서방 백색의 간색인 홍색(紅色), 북방 흑색과 중앙 황색의 간색인 유황색

(硫黃色), 북방 흑색과 남방 적색과의 간색인 자색(紫色)이 오간색에 해당된다.

③ 전통색명

- 소색(素色) – 인위적인 염색을 하지 않은 자연 그대로의 삼베와 같은 흰색을 말한다. 소복(素服)
- 장단(長丹) – 주황빛이 도는 붉은색, 일산화연(PbO)을 구워 만든 적색 안료
- 석간주(石間朱) – 붉은 산화철(酸化鐵)이 많이 들어있어 붉은빛이 도는 흙색
- 치자색(梔子色) – 치자나무 열매로 물들인 빛깔과 같이 붉은빛을 약간 띤 짙은 누런색
- 양청색(洋靑色) – 남색을 띠는 진한 파랑, 프러시안 칼륨 용액에 제2철염 용액을 가하여 만든 깊고 진한 파랑
- 감색(紺色) – 검푸른 남색
- 비색(翡色) – 고려청자의 비취옥과 같은 색
- 양록색(洋綠色) – 서양에서 전해진 녹색이라는 뜻의 진한 녹색
- 휴색(髹色) – 검붉은 옻나무로 물들인 색
- 황색(黃色) – 오정색의 하나로 순수한 황색을 말한다.

④ 한국의 단청색

단청이란 붉은색을 의미하는 丹과 푸른색을 의미하는 靑이 합쳐진 말로서 주로 목조건축물이 많았던 우리나라의 건축에 채색되던 그림이나 문양을 말한다. 주로 건물의 외관을 보호하고 목재의 거친 면을 가리는 데 사용되었던 양식으로 상징적인 색채패턴과 여러 가지 문양을 응용하여 채색되었다. 조선시대의 단청의 기본색으로는 장단, 주홍, 양청색, 황색, 양록색, 석간주 등을 이용하였으며 색상의 대비를 이용하여 배색하였다고 한다.

⑤ 한국고유의 식문화와 배색

음양오행사상에 기초를 둔 전통 오방색은 음식과도 긴밀히 연결되어 있다. 벼 · 보리 · 조 · 콩 · 기장 등의 오곡밥과도 연결되며, 단맛은 황색, 신맛은 청색, 쓴맛은 적색, 매운맛은 백색, 짠맛은 흑색으로 연결된다. 대표적인 음식으로는 궁중 상차림에 쓰이는 신선로와 비빔밥 등이 오방색 이미지를 상징적으로 보여주는 요리이다.

- 오훈채(五葷菜) : 입춘날 궁궐에서는 오방색과 마찬가지로 노란색 나물을 중앙에 놓고 주위에 청 · 백 · 적 · 흑의 나물을 놓아 이것을 임금이 하사했다고 한다. 이 오훈채를 먹으면 다섯 가지 덕을 모두 갖추게 되고, 신체의 모든 기관이 균형과 조화를 이루어 건강해진다고 믿었기 때문이다. 오훈채를 준비하지 못한 농가에서는 고추장에다 파를 찍어 먹는 것으로 대신하기도 하였는데, 파의 색과 맛에 붉은 고추장을 찍어 먹으면 오색과 오미를 모두 갖추게 된다고 생각했다. 메밀의 경우에도 오색을 모두 갖추고 있어 메밀로 만든 묵을 먹으면 예뻐지고 아들을 낳는다는 속설이 전해진다고 한다.
- 다식(茶食) : 예로부터 잔칫상은 오색의 아름다운 빛깔로 장식해 왔으며, 그 색상만으로도 일상의 음식과 충분히 구별되어 무병장수의 기원과 함께 경사스러움을 나타냈었다. 잔칫상의 대표적 음식인 다식을 만들 때는 한 가지만 만들지 않고 적어도 삼색 이상 마련하여 함께 아울러 담는다. 흰색의 녹말다식, 분홍색의 오미자다식, 노란색의 송화다식, 푸른색의 승검초나 청태다식 그리고 검은색의 흑임자다식을 마련하여 오색을 이루게 하고 색상과 함께 다양한 맛을 즐길 수 있게 했다.

• 김치 : 옛날에는 '백채(白菜)' 라고도 했었는데 이는 원래 배추의 흰색 때문에 붙여진 이름으로 생각된다. 김치는 주재료인 배추의 백색에 배추겉잎이나 파 등의 푸른색이 더해지고 고춧가루의 붉은색, 배추속잎과 생강 · 마늘 같은 황색 계열의 색이 더해진다. 그리고 검은색은 녹각이나 젓갈, 양념류에 의해 더해지며 이로써 오색을 모두 포함하게 된다. 유산 발효식품으로 독특한 신맛이 있고 여기에 고추의 매운맛, 양념과 과일 그리고 고추 자체의 단맛, 소금의 짠맛, 여러 가지 채소들의 쓴맛이 어우러져 오행의 조화를 이루고 오묘한 맛을 가지게 되는 것이다.

• 오색(五色)고명 : 한국음식은 원재료의 색상이 화려하지 않을뿐더러 대부분 열을 가해 익히고, 갈고, 발효시키는 과정을 거쳐 만들어지기 때문에 대부분의 음식이 선명한 색상을 지니지는 못하였다. 그러므로 음식을 화려한 색상으로 장식하고, 그 시각적인 효과로 미각을 돋우기 위해 사용된 것이 오색고명이다. 이때 청색만은 파란색이 식욕을 감퇴시키므로 채소의 짙은 녹색으로 대신하고 있다. 고명 자체의 색상은 식욕을 자극하여 음식의 맛을 돋워 주는 역할을 하는데 빨간색과 녹색이 가장 식욕을 자극하는 색으로 알려져 있다. 검은색 갈비찜에는 달걀 황백지단 · 은행 · 잣이 고명으로 쓰이고, 나물에는 깨소금이나 실고추를, 하얀 국수장국에는 호박나물 · 달걀 황백지단 · 실고추를 살포시 얹는다. 여러 가지 색의 잡채에는 달걀지단을 가운데 얹어서 시선을 모아주고, 하얀 배채를 곁들인 육회 위에는 하얀 잣가루가 뿌려진다.

(12) 색채조화론에 의한 배색

색채조화란 '조합된 색이 시각적으로나 심미적으로 아름답게 느껴지는 상태' 를 말한다. 이것은 개인적인 측면이 아니라 객관적인 측면에서 고려되어야 한다. 색채조화에 대한 이론은 그리스 시대에서부터 논해 왔는데 조화라는 단어인 'Harmony' 의 어원을 살펴보면 그리스의 여신 하르모니아(Harmonia)에서 유래된 단어로서 사랑과 미의 여신 아프로디테(로마의 비너스)와 전쟁의 신 마르스 사이에서 태어난 신의 이름이다. 이는 곧 전쟁 후의 화해로 이해되는 말로 '음계' 나 '질서' 의 의미도 가지고 있다.

배색에 있어 조화란 색의 관계에 질서를 부여하고 시각적으로 좀 더 편안하고 안정된 느낌을 부여해 주며, 좀 더 객관적이고 보편적인 원칙을 추구하는 데 도움이 될 수 있다. 하지만 앞으로 살펴보게 될 조화이론은 전통적인 조화론이 대부분이어서 현대의 다양하고 변화된 미의식에는 거리가 있을 수도 있다. 실제 색채배색에 응용할 때에는 디자인하려는 소재나 용도, 사용자 등을 고려하여 현실적인 응용이 이뤄지도록 한다면 좋은 배색이 될 것이다.

① 먼셀의 조화론

먼셀은 조화론에서 '균형의 원리'를 가장 중요하게 여겼다. 따라서 배색을 선정할 때 전체 색의 균형을 중심점 N5에 근거하는 배색은 조화롭고, 공통된 속성이 있으면서 정연한 간격으로의 변화 또한 조화롭다. 특히 N5이면서 채도가 다를 경우, 고채도의 색은 작은 면적으로, 저채도의 색은 넓은 면적으로 사용하면 조화된다.

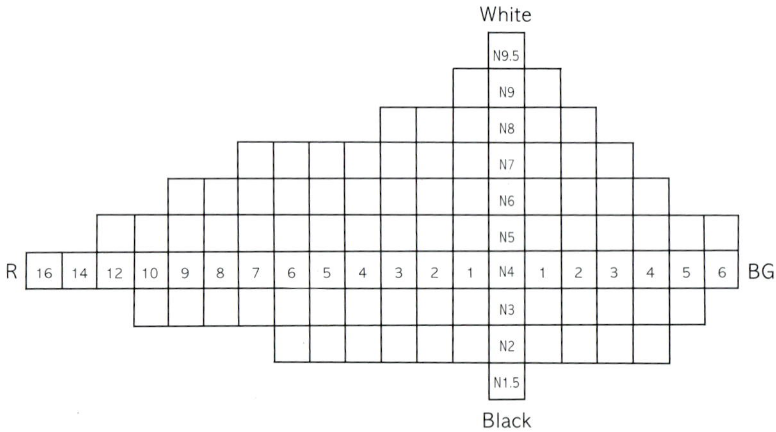

② 파버 비렌의 조화론

파버 비렌(Faber Birren)은 1940~1970년대에 활동했던 색채연구가로 색채이론뿐만 아니라 제품색채, 환경색채에도 뛰어난 실천가였다. 비렌은 '색삼각형'이라는 개념도를 통해 조화론을 설명하고 있는데, 이러한 미적효과를 나타내는 것에는 공통된 요소의 배합이 필요하다고 역설한다.

Color-Tint-White 계열

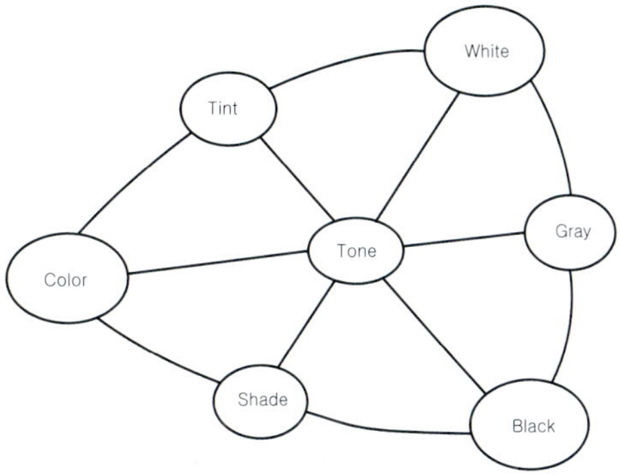

Color-Shade-Black 계열

White-Gray-Black 계열

Tint-Tone-Shade 계열

Color-Black-White 계열

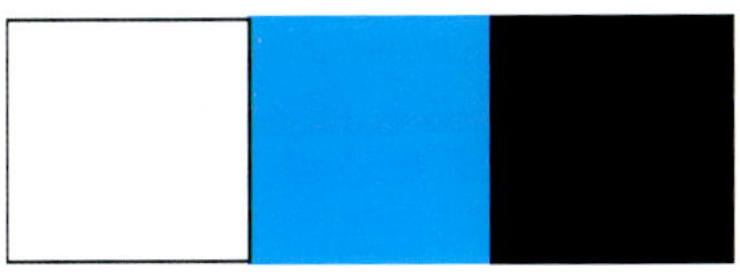

Tint-Tone-Shade-Gray 계열

③ 슈브뢸의 조화론

슈브뢸(Chevreul)은 프랑스의 색채화학자로 교사를 거쳐 왕립 고블랑 직물제조소의 염직 연구소장직을 맡음으로써 배색의 효과에 대한 연구를 발표하였다. 슈브뢸의 조화론은 크게 유사의 조화와 대조의 조화로 나뉜다.

ⓐ 유사의 조화

색상, 명도, 채도의 관계에서 유사한 조합에서 얻어지는 조화를 말한다.

▪▪동일색상, 유사색조 배색

▪▪유사색상, 유사색조 배색

ⓑ 대조의 조화

색대비의 조화, 세퍼레이션 컬러, 삼속성의 대비를 통한 조합에서 얻어지는 조화를 말한다.

▪▪동일색상, 대조색조 배색

■■유사색상, 대조색조 배색

■■반대색상, 대조색조 배색

④ 저드의 조화론

미국의 색채학자 저드(Judd)는 과거의 조화론에 관한 문헌을 조사, 정리하여 1955년 "색채 조화는 개인의 취향에 관한 문제이며, 정서반응은 사람에 따라 다를 수 있다. 또한 동일인이라도 때에 따라 달라지며 사람들은 일상의 오래된 배색에 질려 조그만 변화에도 상당히 동요되는 경우가 있다. 그리고 평소 원래 무관심했던 색의 배합도 반복해서 보는 사이에 마음에 들게 되는 경우도 있다."라고 언급하면서 4개의 공통된 조화의 원리를 발표했다.

ⓐ 질서의 원리

색과 색 사이에 어떤 질서가 있는 배색으로서 주로 색상환을 기준으로 보색배색, 정삼각형, 정사각형 위치에 있는 색상의 조화를 말한다.

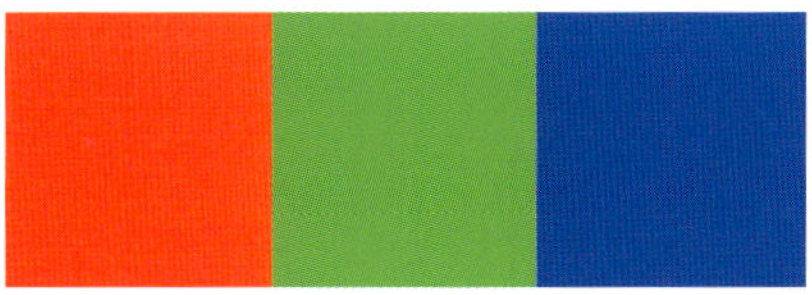

ⓑ 친근성의 원리

자연에서 보이는 색상의 자연연쇄에 거스르지 않는 배색으로서 나뭇잎을 예로 들면 빛을 받은 부분은 노란색 계열의 연두로, 빛을 받지 못한 부분은 청록색 띠는 녹색으로 보이게 되는 조화를 말한다.

ⓒ 공통성의 원리

색을 띠는 것과 색조에 어떤 공통성이 있는 배색으로서 동일색상 배색이나 동일색조 배색을 말한다.

ⓓ 명료성의 원리

적당히 색의 차이가 있고 애매함이 없는 배색으로서 세퍼레이션 배색이나 반대색조 배색을 말한다.

3. 푸드스타일링 색채계획

(1) 색채계획의 목적

(2) 색채계획의 색채이미지 설정

(3) 주조색, 보조색, 강조색의 선정

(4) 면적 비례표 환산

03

푸드스타일링에 있어 색채계획(color planning)이란 실전 재료로 스타일링에 들어가기 전에 미리, 디자인할 대상을 생각하고 계획하여 기능적으로 아름답고 합리적으로 계획을 할 수 있도록 설계하는 단계를 말한다. 색채계획은 푸드스타일링뿐만 아니라 기타 색을 활용하는 모든 분야에서 실시되는 과정으로서 체계적인 색채적용을 위해 자료를 수집하고 색채계획의 목적과 방법을 제시함으로써 그에 따른 적절한 색채계획이 이루어지도록 하는 것이다.

색채계획은 미국의 색채학자인 파버 비렌(Faber Birren, 1900~1988), 루이스 체스킨(Louis Cheskin) 등에 의해 보급되어 색채를 적용할 대상에 대한 이해와 함께 색채를 선택함으로써 보다 효과적인 색채조절이 되도록 하는 데 공헌하기도 하였다. 따라서 색채계획을 할 때에는 목적과 대상에 대한 이해가 선행되어야 하며 적용할 색채가 소비자에게는 어떤 의미로 평가될 것인가를 파악하는 것이 중요하다.

색채는 다른 디자인 요소보다도 개인적인 취향과 선호도가 분명하게 나타나는 분야인 만큼 다른 사람에게도 보편적이고 객관적인 심리효과를 일으킬 수 있어야 한다. 따라서 앞장에서 살펴본 기본적인 배색기법과 단색이미지, 형용사 이미지 배색 등을 활용하여 합리적인 색채설계가 되도록 한다.

(1) 색채계획의 목적

색채계획을 시작하기 전 반드시 필요한 과정이 바로 색채계획을 수립하는 목적을 설정하는 것이다. 이것은 주어진 배색의 주제와 색채이미지를 설정하기 위한 준비과정으로 어떤 대상에 적용할 색채인가를 미리 파악하는 과정이라 하겠다.

색채계획의 목적을 설정할 때에는 적용할 대상의 이미지, 그 디자인을 접할 소비자분석, 시장조사와 같은 부분으로 나누어 분석하는 것이 효과적이다. 예를 들어 패밀리 레스토랑의 색채를 설정하기 위해서는 다음과 같은 색채계획의 목적을 설정하는 것이 좋다.

- 레스토랑의 주 메뉴는 무엇인가?
- 레스토랑의 주요 고객층은 어떤 부류인가?
- 이 레스토랑의 이미지는 무엇인가?

이와 같이 색채를 적용할 대상에 대한 이해와 소비자의 유형을 파악함으로써 앞으로의 색채설계에 대한 구체적인 방안을 모색하는 것이 되어야 하겠다.

(2) 색채계획의 색채이미지 설정

색채이미지를 설정할 때에는 주요 배색의 컨셉을 먼저 설정한다. 컨셉을 설정하는 데 있어서는 '캔디컬러', '바다', '우아한' 과 같은 컨셉으로부터 추상적인 컨셉에 이르기까지 자유롭고 창의적인 컨셉일수록 소비자에게 신선함을 전달해 줄 수 있다. 하지만 생각이 앞선 나머지 보편적인 이해를 얻지 못하는 컨셉은 자칫 소비자에게 불편함과 함께 나쁜 인상을 심어줄 수 있으므로 톡톡 튀는 아이디어로 신선함을 주는 것은 물론이고 소비자로 하여금 편안함과 신뢰감을 느끼도록 해야 한다.

색채이미지를 설정할 때에는 색상과 톤에 대한 이미지를 언어를 이용하여 설정한 다음 그에 맞는 구체적인 색상을 선정해 나가는 것이 좋다. 예를 들면 '웰빙과 브런치' 를 컨셉으로 색채를 선정할 경우, 색채이미지는 다음과 같이 설정할 수 있다.

- **자연적인 이미지**
- **편안한 이미지**
- **상큼한 이미지**
- **여유롭고 문화적인 이미지**

이와 같은 색채이미지들은 구체적인 색채를 선정하기 위해 꼭 필요한 전제조건이 된다. 이것은 기능적인 측면과 감성적인 이미지를 연결시켜 주어 객관적인 색채 설정이 되도록 도와주는 역할을 한다. 따라서 배색을 선정하기 전, 이와 같은 색채이미지 설정에 대한 구체적인 조사를 하도록 권장한다.

(3) 주조색, 보조색, 강조색의 선정

선정된 색채이미지를 바탕으로 구체적으로 적용할 색채를 선정하도록 한다. 이때 가장 유의할 사항은 바로 전체에서 가장 많은 면적을 차지하는 색채인 주조색을 적절하게 선정해야 한다는 점이다. 단순히 같은 면적으로 선택된 색견본은 실전에서 생각보다 면적비례에 따른 시각적인 대비효과가 크게 느껴지므로 각별히 신경을 써서 골라야 한다.

주조색을 선정한 다음에는 보조색과 강조색을 어떤 효과를 두어 선정할 것인지 구체적으로 점검해 보도록 한다. 만약 주조색이 밝고 연한 색일 때 보조색과 강조색이 어두운 색채일 경우, 모두 채도가 낮다 하더라도 급격한 명도 차이에 의한 배색으로 인해 강하고 딱딱한 느낌을 내게 된다. 따라서 전체 배색을 부드럽고 연하게 할 것인지, 급격한 변화를 줄 것인지를 선택하는 것이 중요하다.

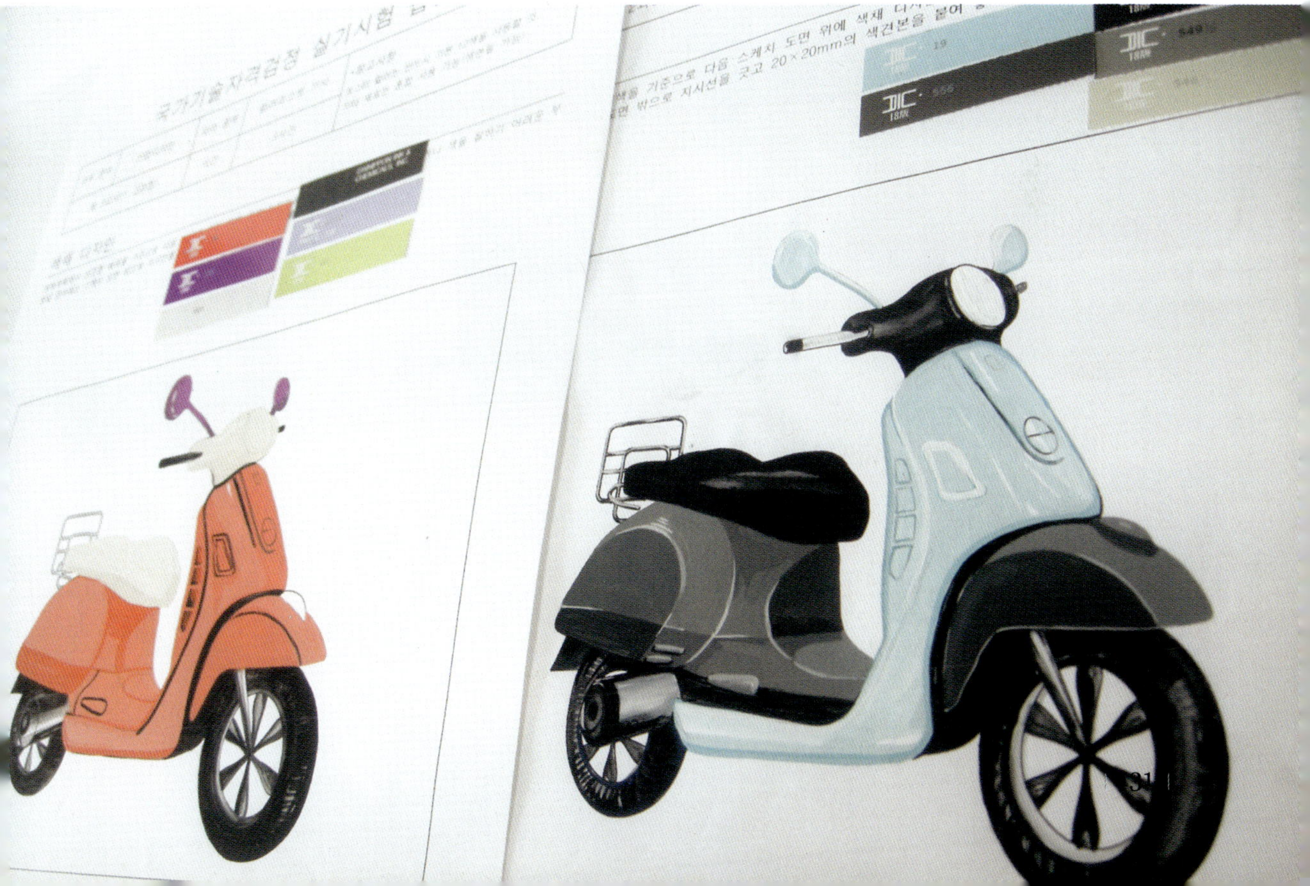

(4) 면적 비례표 환산

주조색, 보조색, 강조색을 선정한 다음에는 본인이 선택한 색채에 대한 면적을 전체 면적에 비례하여 어느 정도의 면적으로 선택하였는가를 가늠해 보자. 이때에는 각 색의 순서가 정해져 있는 것이 아닌 만큼 색채를 적용했을 때 가장 가까운 느낌이 들도록 순서를 설정해야 한다. 보편적으로는 주조색, 강조색, 보조색의 순서를 흔히 적용하지만, 이것도 전체 배색의 효과에 주목하면서 비례표를 작성하는 것이 좋고, 사용한 색채는 모두 포함하도록 하자.

4. 사진기법과 색채

(1) 스타일링을 위한 사진의 기초

(2) 사진촬영의 실제

04

푸드스타일링에서 사진은 무엇보다 중요한 단계이며 요리를 더욱 맛깔스럽게 해주는 장치라 할 수 있다. 최근에는 일반인들도 사진에 대한 이해가 높아져 소형 디지털 카메라를 들고 다니면서 자신이 주문한 요리들을 찍어 인터넷에 소개하기도 하고, 자신만의 요리 노하우를 동영상으로 제작해 블로그를 장식하기도 한다.

다수의 푸드 전문잡지를 비롯해서 인테리어 관련 잡지의 기사로 실리는 요리코너에는 역시 윤기가 자르르 흐르는 맛깔스러운 요리사진이 빠지질 않는다. 이렇게 조명과 연출된 요리, 피사체를 순간의 기술로 찍어내는 작업이야말로 요리의 완성이라 할 만큼 중요한 단계라 하겠다. 따라서 이번 장에서는 기본적인 사진에 대한 이해를 돕고 카메라 및 조명, 데코레이션에 필요한 여러 가지 장비들에 대한 설명으로 보다 나은 푸드스타일링이 되도록 한다.

(1) 스타일링을 위한 사진의 기초

사진(photograph)은 그리스어 '빛(phos)'과 '그리다(graphos)'의 합성어로서 17세기에 특정 은화물질이 빛에 노출되면 변한다는 사실이 알려지면서 사진의 기술이 시작됐다. 과거에는 아날로그 필름에 빛을 노출시켜 상을 맺는 형식을 주로 사용했지만, 근래에는 이러한 예전 방식에서 벗어나 이미지를 디지털 정보로 바꾸어 정보를 저장하는 CCD(Charge Coupled Device, 전하결합소자)를 사용한 디지털 카메라 방식이 주로 이용되고 있다. 카메라는 아날로그 필름을 예로 들어 설명하면 필름의 크기에 따라 소형카메라에서부터 대형카메라로 분류된다. 이것은 필름을 인화하는 과정에서 선명도와 해상도를 유지시키기 위한 조건이라 하겠다.

TIP CCD(Charge Coupled Device, 전하결합소자)

하나의 소자로부터 인접한 다른 소자로 전하를 운송할 수 있는데, 피사체의 빛을 통과한 다음 색분해 과정을 통하여 빨강, 녹색, 파랑의 3원색으로 분해된 것을 전기신호로 변환하여 출력해 주는 기능을 담당한다. 이렇게 CCD의 기능을 응용한 스캐너와 같은 입력 장치는 색채영상 정보를 컴퓨터에 입력시켜주는 장치이기도 하다.

이것은 A-D변환기에 의해 아날로그 신호가 디지털 신호로 변환되게 되며, 스캐너 이외에도 디지털 카메라, 캠코더 등에서도 CCD가 색채영상을 담당하는 기본적인 요소가 된다.

요즈음과 같은 디지털 시대에서는 필름을 거의 사용하고 있지 않으므로 사진의 필름 크기보다는 얼마나 많은 화소(pixel) 수를 가지느냐에 따라 이미지를 재현하는 방식이 달라진다. 일반적으로 이미지를 크게 확대해보면 이미지가 네모의 사각형 형식으로 깨져 보이는 것을 볼 수 있는데, 이것을 화소라고 한다.

① 화소(畵素, Picture element)

영어의 'pixel'을 번역한 것으로, 'pixel'은 'picture element'를 줄인 말로서 이미지의 기본

단위를 말한다. 즉 신문이나 잡지의 망판(網版) 사진을 확대경으로 보면 일정 간격의 많은 점으로 구성되어 있고, 그 점의 크고 작음에 따라 그림의 윤곽이나 농담(濃淡)이 표현되어 있음을 알 수가 있다. 이 점이 그림을 구성하기 위한 최소단위이고, 더 작은 것(망판 사진에서는 정확히는 흑점의 간격보다도 작은 것은 표현할 수가 없다)일수록 화질이 좋은 것이다. 즉 해상도가 높은 것을 의미한다. 대체적인 화소 수는 8mm 필름(더블 방식)은 5만, 수퍼 8 또는 싱글 8의 새로운 방식은 면적이 구(舊)방식의 약 1.5배, 따라서 화소는 7만 5000개, 16mm 필름은 25만개, 35mm 필름은 116만 525개(수평주사용 톱니파수 : 미국 · 한국 · 일본의 표준방식), 텔레비전은 15만 개이다.

② 카메라의 종류

■■ 소형 카메라

주로 35mm의 개인용으로 사용되는 소형 카메라는 간단한 스냅 사진이나 요리의 과정을 촬영하기에 적합하지만, 클로즈업 사진이나 작품사진으로는 부적합하다. 촬영 화면 크기나 이미지센서 크기에 따라서 미녹스판 0.8×1.0mm, 110판 1.3×1.7mm, 하프사이즈 24×18mm, 라이카판(35mm판) 36×24mm까지의 필름을 사용하는 카메라들을 소형 카메라라고 하고, 디지털 카메라는 36×24mm보다 작은 이미지센서를 사용하는 카메라 RF(Range Finder, 레인지 파인더형, 콤팩트형)나 DSLR(Digital Single Lens Reflex)까지를 소형 카메라라고 한다.

■■중형 카메라

필름의 크기가 대략 120mm로 광고촬영에 사용되는 카메라이다. 소형 카메라보다 조작의 불편함은 약간 있지만 인화 시 선명도의 차이 때문에 선호되는 편이다. 촬영 화면의 크기나 이미지센서 크기에 따라서, 브로니 반재(세미판) 6×4.5cm, 브로니 12매판(six판) 6×6cm, 브로니판 6×7cm, 6×8cm, 6×9cm, 브로니 파노라마판 6×12cm 크기의 롤 필름을 사용하는 카메라들을 중형 필름 카메라라고 하며, 이상의 중형 카메라는 신제품은 생산이 안 되는 편이나 필름 생산이 되고 있어서 많이 사용하는 편이기도 하다.

■■대형 카메라

전문 사진가용으로 120mm 이상의 필름을 끼워서 촬영하게 되므로 촬영비가 비싸진다. 카메라에 사용하는 원판(컷 필름)의 크기에 따라서 4×5인치판 10×12.5cm, 5×7인치판 12.5×17.5cm, 8×10인치 판 20×25cm, 11×14인치판 27.5×35cm, 반절판 35×43cm, 전지판 46×56cm까지의 원판 필름을 사용하는 카메라들을 대형 카메라라고 하며, 현재는 필름 원판이 생산되지 않는 것이 많아서 4×5인치 뷰 카메라만 사용이 가능한 편이다.

③ 조명도구

▪▪텅스텐 조명(Tungsten lamp)

텅스텐 조명이란 일반적으로 유리로 된 전구 안에 필라멘트가 있는 형식의 백열등을 의미한다. 주로 따뜻한 느낌의 장파장 계열의 붉은색이나 주황빛을 방사한다. 필라멘트의 모양은 코일 모양 또는 2중 코일 모양으로 하여 증발을 적게 하고, 전도(傳導)나 대류(對流)에 의한 열손실을 적게 하고 있다. 정규전압에서 사용할 때의 필라멘트의 온도는 2,000~2,500℃이다. 형광등이 발명되어 텅스텐 전구가 형광등으로 대치되었으나, 빛이 부드러워서 아직 조명의 중요한 위치를 유지하고 있다. 비교적 좁은 장소의 국소조명으로 많이 사용되지만 열을 발생시켜 음식이 마르기 쉬우므로 요리용 조명으로는 제한적으로 사용된다.

▪▪ 스트로보(스피드 라이트, Speed light)

보통 스트로보(strobo)라고 부르지만 이것은 상품명이며, 일렉트로닉 플래시(electronic flash)나 스피드 플래시라고도 한다. 전원으로는 주로 적층(積層) 건전지를 써서 필요한 고전압으로 승압시킨다. 그 종류로는 가이드 넘버(GN) 14~30의 클립 온타이프, GN 30~50의 클립 타이프가 있다. 발광시간은 1/1,000초 정도로 대단히 짧고, 백색광(자연광)처럼 매우 밝으므로 인공광의 주요한 광원 역할을 한다. 그러나 소형은 컬러 촬영 시에 약간 청색을 띤 빛을 내는 경향이 있다. 사진 촬영용뿐만 아니라 섬광시간이 짧은 것을 이용하여 항공등대 등의 조명, 실리콘과 같은 반도체의 라이프타임 측정 및 회전계나 뇌의 반사응답 측정 등 각 분야에 이용된다.

▪▪ 소프트 박스(Soft box)

소프트 박스는 피사체의 넓은 영역에 빛을 골고루 투사하여 그림자가 거의 없으면서도 밝고 부드러운 사진을 만들어 낸다. 따라서 음식사진과 패션사진 등에 흔히 이용되고 있고 우산모양의 엄브렐러 또한 물체를 부드럽게 보이도록 한다.

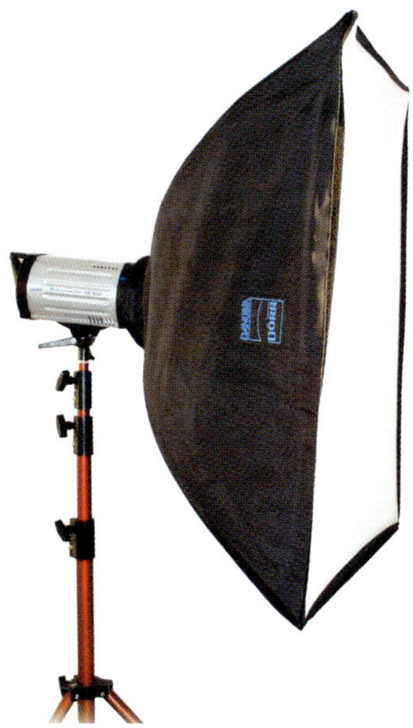

④ 사진촬영을 위한 기타 준비물

■■배경

음식이 담긴 그릇 아래에 깔아 놓는 배경이 되는 면 보자기를 뜻하며 천이나 종이, 타일 등 다양한 재료로 사용 가능하다. 사진을 찍기 전 구김이 없는지 확인한 다음 다림질로 마무리해서 준비해야 한다.

■■투명얼음

실제 얼음을 사용하게 되면 촬영 시 유리컵 표면에 물방울이 생겨 흘러내리기 때문에 실제 얼음과 똑같이 만들어진 인공 얼음을 사용하면 편리하다.

■■글리세린(Glycerin)

포도나 딸기 등과 같은 과일제품의 물방울을 만들 때 사용되는 무색의 맑은 끈기 있는 액으로 냄새는 없고 단맛이 나는 약품이다. 글리세린은 물과 동량으로 섞어 스프레이로 뿌리거나 면봉으로 찍어, 물방울이 맺힌 듯한 효과를 낼 때 사용하면 신선함을 표현하는 데 좋은 재료가 된다.

(2) 사진촬영의 실제

요리사진을 찍을 때에는 촬영자가 어떤 주제를 가지고 피사체를 찍는가에 따라 매우 다양한 결과의 앵글이 만들어진다. 같은 요리라 할지라도 요리의 전체 분위기를 나타내기 위해 것인지, 세부적인 사항을 설명하기 위한 것인지에 따라 그에 맞는 여러 가지 종류의 앵글을 선택할 수 있다. 따라서 기본적인 사진의 구도와 각도를 알아보고 실제 푸드스타일링에 맞는 사진을 촬영해 보도록 하자.

① 앵글의 종류

■■ 하이 앵글(High angle)

촬영자가 높은 곳에서 내려다보고 촬영하는 방법으로서 음식의 입체감이 떨어지고 평면적으로 표현되지만 전체 스타일링 기법을 한눈에 볼 수 있고, 전체의 구도를 헤아릴 수 있다.

■■수평 앵글(Horizontal angle)

음식을 같은 눈높이에서 촬영한 것을 말하고 푸드 사진에 가장 많이 이용되는 앵글이다.

■■로우 앵글(Low angle)

음식보다 아래의 위치에서 위를 올려다보면서 촬영하는 방법으로서 좀 더 세밀한 관찰이 필요하거나 다이나믹한 느낌을 줄 때 사용되는 방법이다.

② 포커스의 종류

■■ 팬 포커스(Pan focus)

팬 포커스란 사진의 전체 부분 중에서 초점이 흐려지는 부분 없이 전체가 모두 잘 나오게 하는 사진을 말한다. 최소의 조리개를 열고 피사체를 멀리 하여 전경이 모두 나오게 하는 것이 좋다. 이것은 어느 한 부분만을 부각시킨 것이 아니라, 전체가 다 나오게끔 찍는 사진이므로 전체적인 색깔의 조화를 보여주거나 꼭 함께 보여야 맛있어 보이는 음식들을 촬영할 경우, 전체 샷으로 찍을 때 주로 사용된다.

■■ 아웃포커스(Out focus)

초점이 흐려지는 상태를 아웃포커스라고 한다. 피사계심도권(被寫界深度圈)에서 벗어난 부분의 흐려진 화상 상태로 거리를 잘못 맞추었거나 거리가 맞지 않은 부분에 일어나는 불선명한 화상 상태를 말한다. 또한 원판에서는 그다지 흐려 있지 않아도 크게 확대 인화하면 흐려 보이는 경우도 있다. 극단적으로 초점 조절을 잘못하였을 경우를 제외하고 깊이가 있는 피사체를 찍은 화면에서 전체 화상이 흐리고 불선명하게 보이는 것은 초점 흐림이 아니라 카메라 흔들림(camera blur)이라고 볼 수 있다. 초점 조절을 잘못하였을 경우는 극단의 앞초점(front focus)이 아닌 이상 어디엔가는 초점이 맞게 된다.

■■ 인포커스(In focus)

초점이 한곳에 모이는 것으로서 어느 한 부분은 초점이 맞고 나머지는 초점이 흐려지는 상태를 말한다. 주로 접사사진을 찍을 때에는 생생한 표현을 위해 음식을 클로즈업한 다음 불필요한 부분은 아웃포커싱을 하면 보다 먹음직스러운 음식사진을 촬영할 수 있어 많이 사용되고 있다.

③ 조명연출의 종류

■■ 정면광

빛을 피사체의 정면에서 비추는 광선으로 그림자가 거의 없고 밝은 사진을 얻을 수 있다.

■■측광

피사체의 옆부분에서 비추는 광선으로 입체감이 살아나고 자연스러운 느낌을 낼 수 있다.

■■역광

피사체의 뒷부분에서 비추는 방식으로 공간감을 살리고자 할 때, 특히 음료의 촬영 시 많이 이용된다.

Part 02 컬러 실습지

이번 장에서는 앞에서 살펴본 배색의 기법과 형용사 이미지 배색, 색채계획 등의 이론을 바탕으로 종이나라에서 출시되고 있는 'IRI 120 색종이'와 기타 채색 재료 등을 가지고 직접 실습해 볼 수 있도록 하여 좀 더 실제적인 배색 실습이 가능하도록 하였다. 하나하나 따라서 배색을 진행하다 보면 어느새 한층 성숙된 감각으로 계획하는 자신을 발견할 수 있을 것이다.

실습 1 먼셀 10색상환

다음 네모칸에 맞는 숫자를 IRI 종이나라 색종이에서 찾아 오려 붙여 10색상환을 완성하시오.

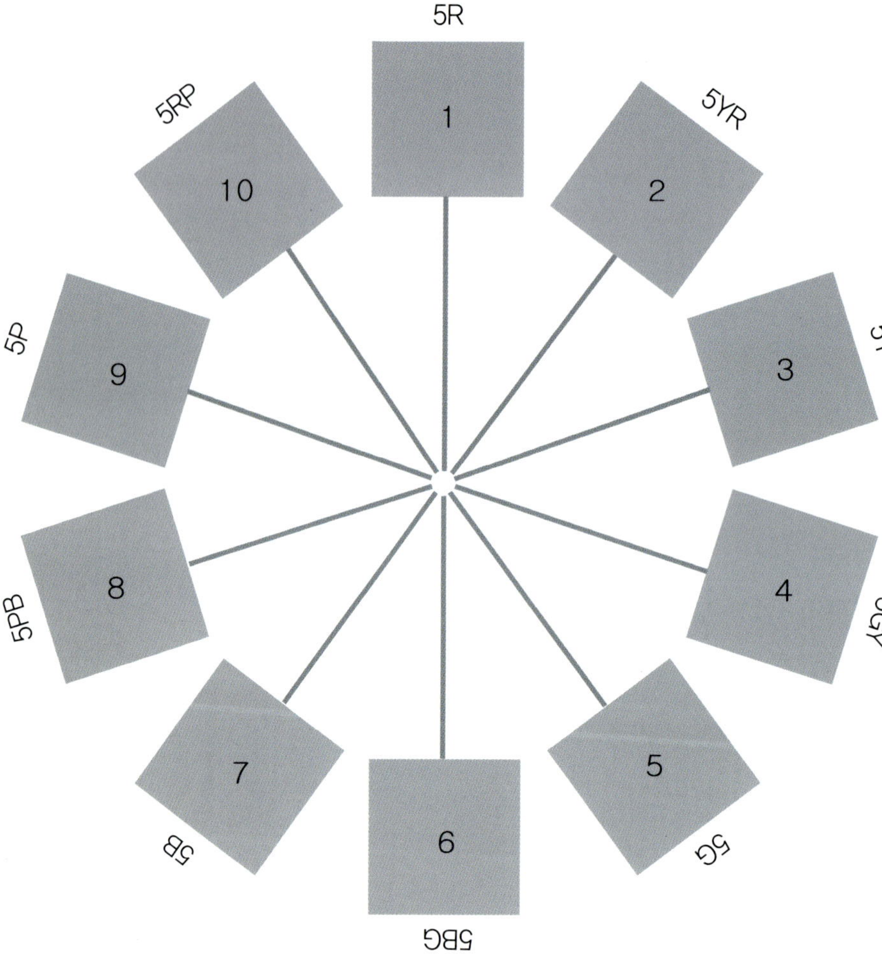

실습 2 명도와 채도

다음 네모칸에 맞는 숫자를 IRI 종이나라 색종이에서 찾아 오려 붙여 명도 Grayscale을 완성하시오.

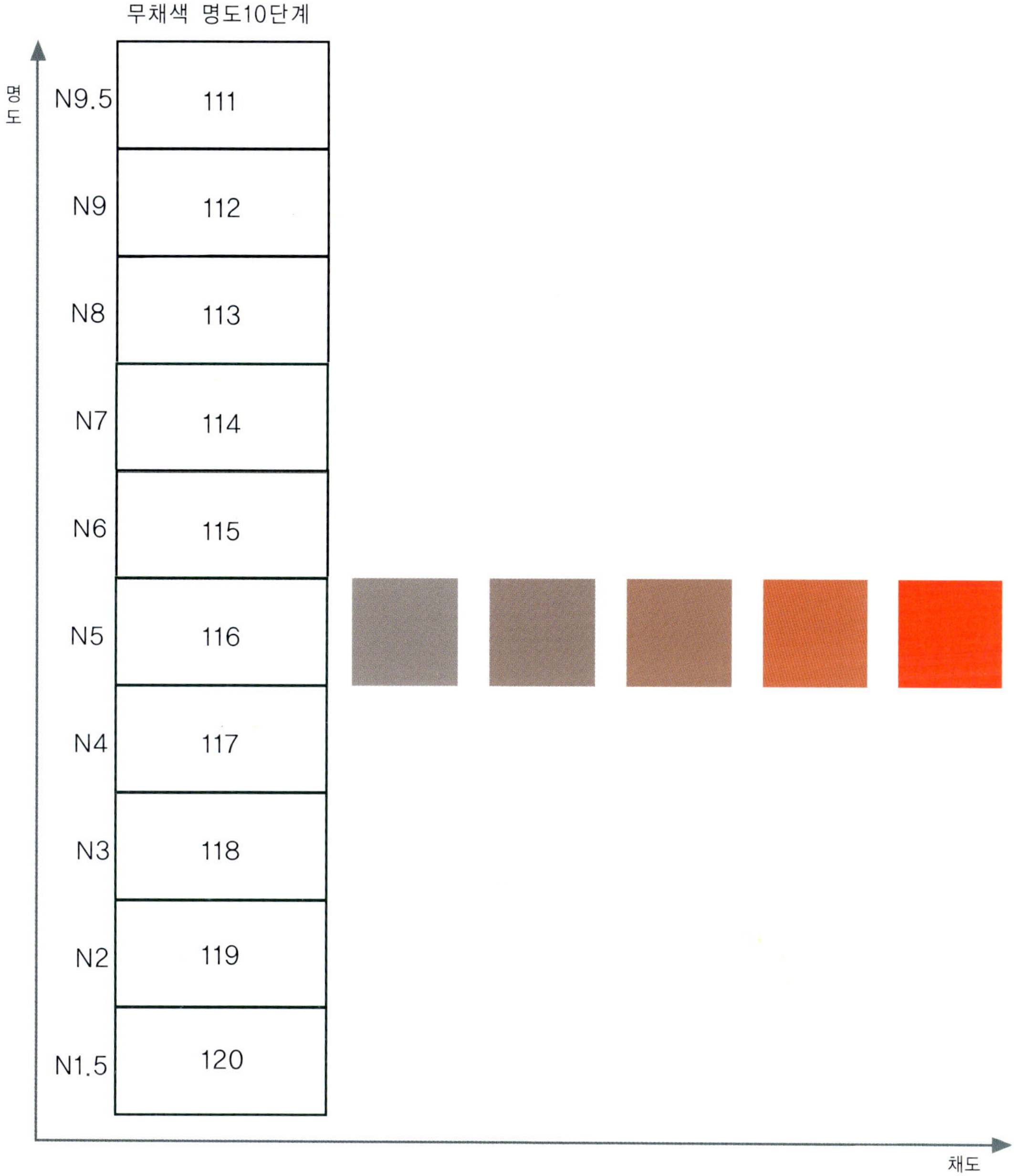

실습 3 Hue & Tone 120

다음 네모칸의 숫자를 IRI 종이나라 색종이에서 찾아 오려 붙여 Hue &Tone을 완성하시오.

TONE \ HUE	5R	5YR	5Y	5GY	5G	5BG	5B	5PB	5P	5RP
V	1	2	3	4	5	6	7	8	9	10
S	11	12	13	14	15	16	17	18	19	20
B	21	22	23	24	25	26	27	28	29	30
P	31	32	33	34	35	36	37	38	39	40
Vp	41	42	43	44	45	46	47	48	49	50
Lgr	51	52	53	54	55	56	57	58	59	60
L	61	62	63	64	65	66	67	68	69	70
Gr	71	72	73	74	75	76	77	78	79	80
Dl	81	82	83	84	85	86	87	88	89	90
Dp	91	92	93	94	95	96	97	98	99	100
Dk	101	102	103	104	105	106	107	108	109	110

실습 4 배색연습

다음 네모칸에 맞는 색상과 색조의 조합을 하여 IRI 종이나라 색종이에서 찾아 붙이시오.

	동일색상	유사색상	반대색상
동일색조			
유사색조			
반대색조			

실습 5 색상에 의한 배색

다음 빈칸에 알맞은 색상을 정하여 배색하고 색상환과 톤맵에 사용한 색을 표시하시오.

■ 동일색상 배색

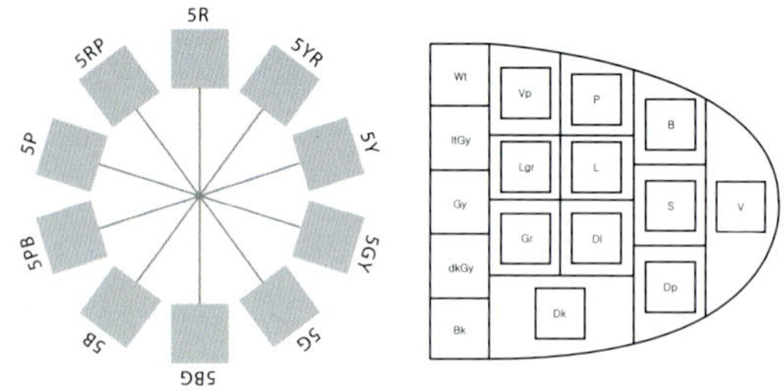

■ 유사색상 배색

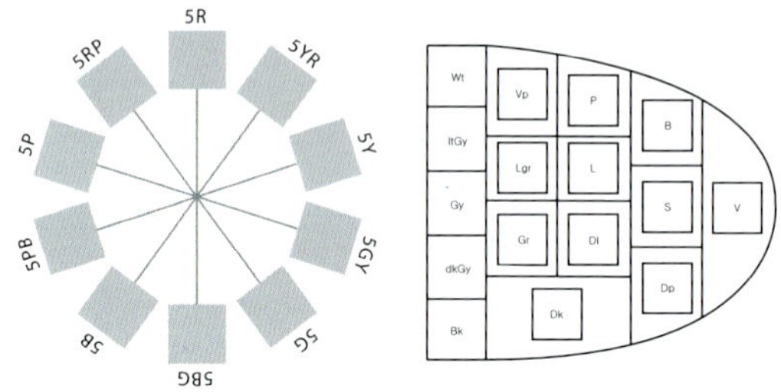

■ 반대색상 배색

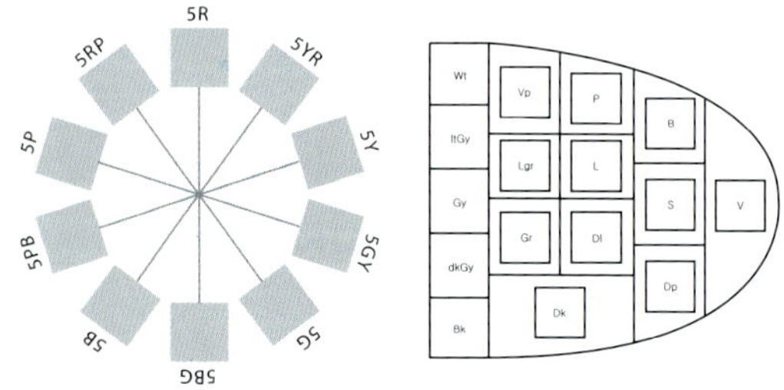

실습 6 명도에 의한 배색

다음 빈칸에 알맞은 색상을 정하여 배색하고 색상환과 톤맵에 사용한 색을 표시하시오.

■ 고명도에 의한 배색

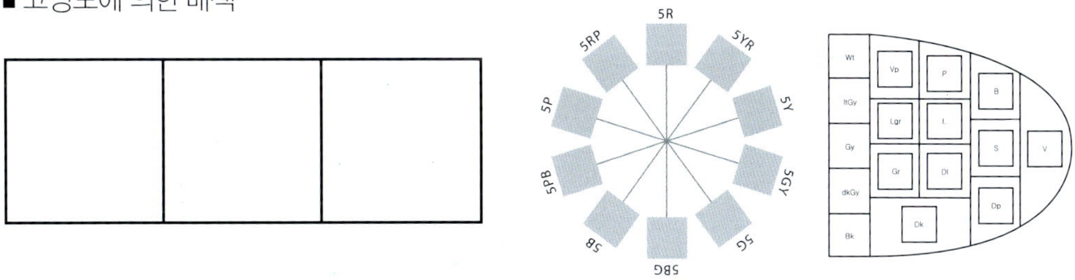

■ 중명도에 의한 배색

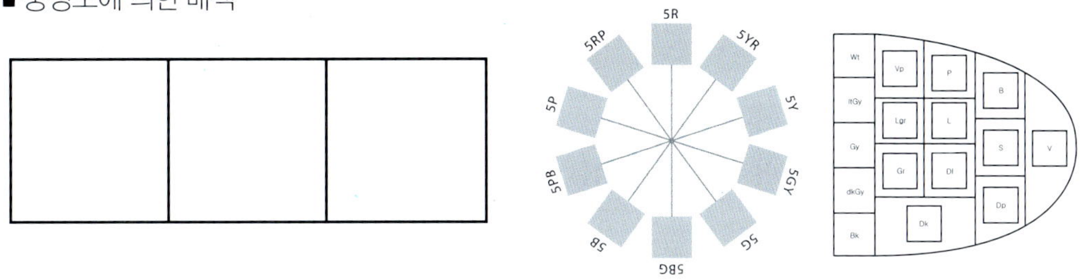

■ 저명도에 의한 배색

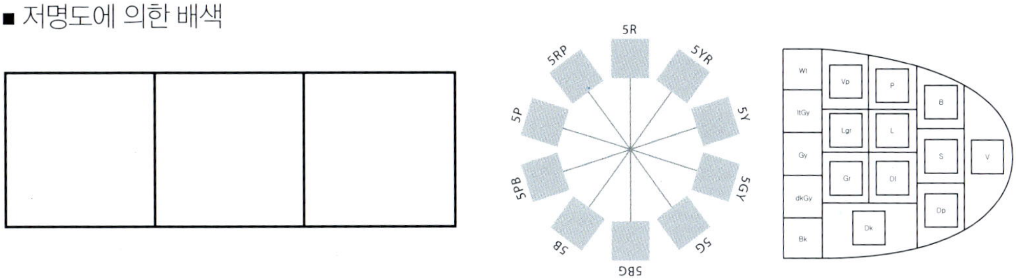

실습 7 채도에 의한 배색

다음 빈칸에 알맞은 색상을 정하여 배색하고 색상환과 톤맵에 사용한 색을 표시하시오.

■ 고채도에 의한 배색

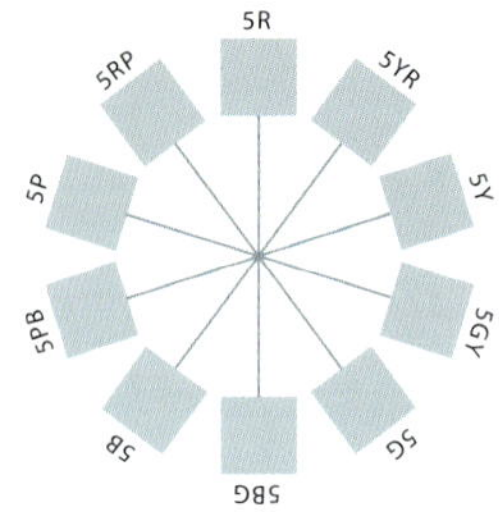

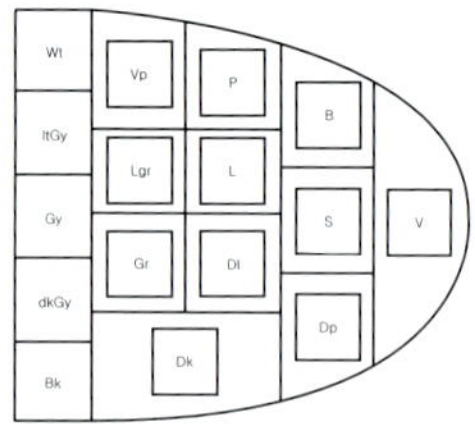

■ 중채도에 의한 배색

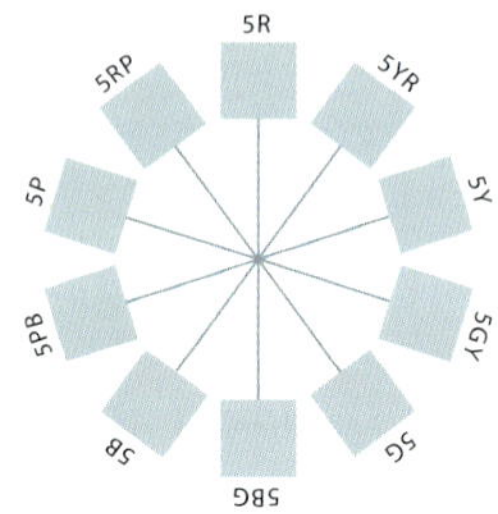

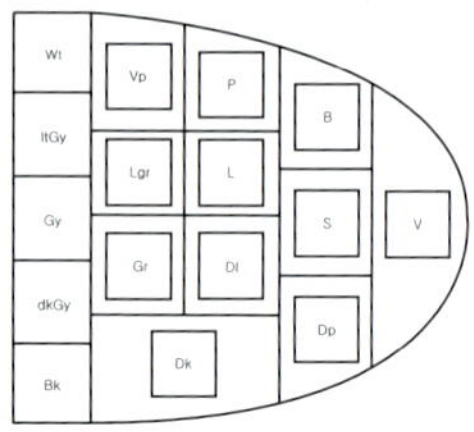

■ 저채도에 의한 배색

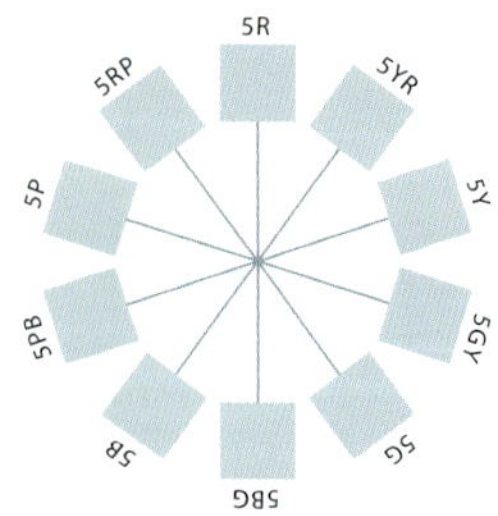

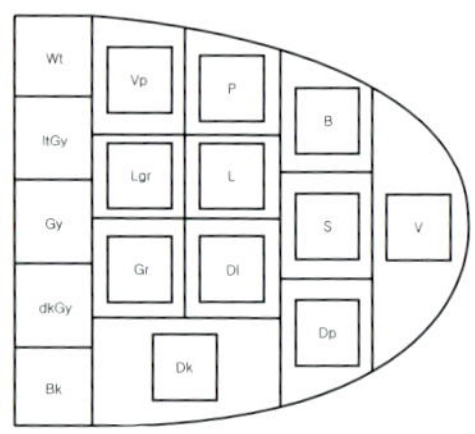

실습 8 색조에 의한 배색

다음 빈칸에 알맞은 색상을 정하여 배색하고 색상환과 톤맵에 사용한 색을 표시하시오.

■ 동일색조 배색

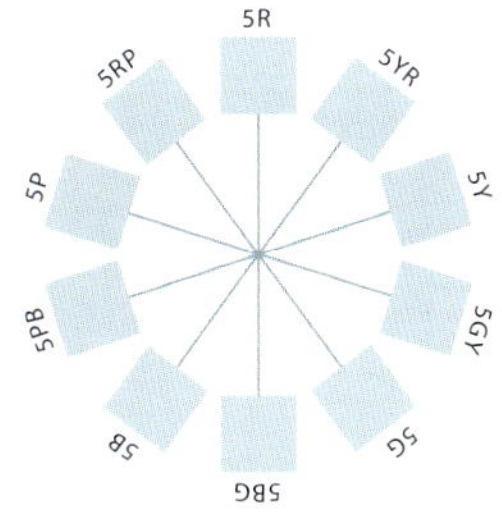

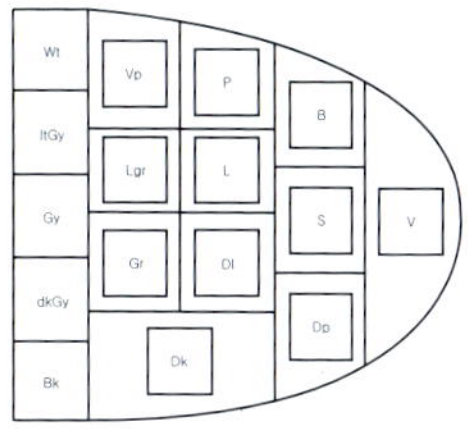

■ 유사색조 배색

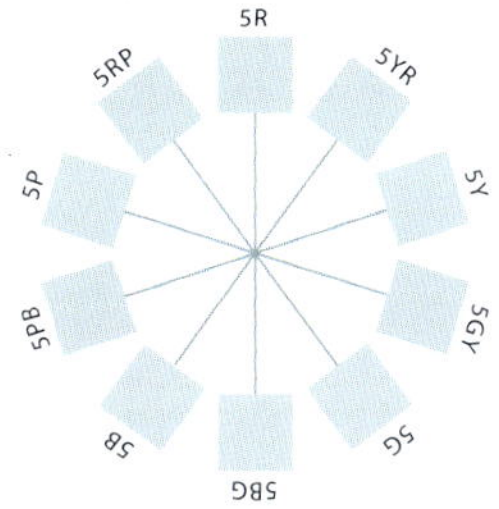

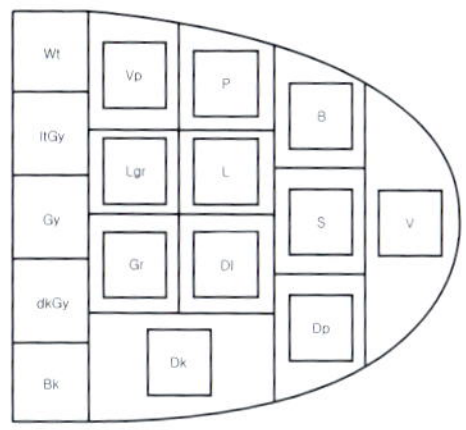

■ 반대색조 배색

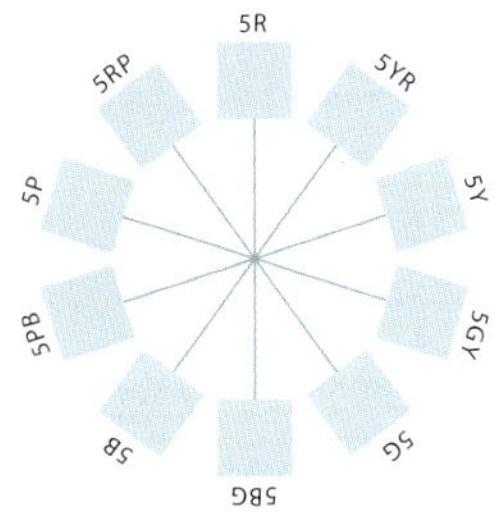

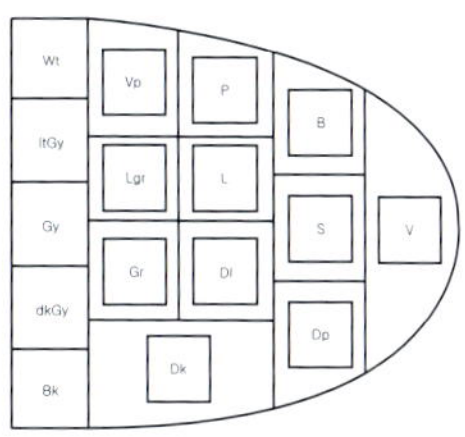

실습 9 11가지 톤(Tone) 실습

각 색조의 특징을 알아두고 빈칸에 동일한 색조가 되도록 배색하시오.

■ Vivid tone(비비드 톤)

9	3	5

■ Strong tone(스트롱 톤)

11	17	14

■ Bright tone(브라이트 톤)

24	28	21

■ Pale tone(페일 톤)

39	33	31

■ Very pale tone(베리 페일 톤)

44	48	43			

■ Light grayish tone(라이트 그레이쉬 톤)

53	58	60			

■ Light tone(라이트 톤)

65	61	69			

■ Grayish tone(그레이쉬 톤)

77	72	76			

■ Dull tone(덜 톤)

86	84	82

■ Deep tone(딥 톤)

97	99	93

■ Dark tone(다크 톤)

102	108	104

실습 10 배색기법에 따른 배색

다음 빈칸에 배색기법에 해당하는 색을 선정하여 배색하시오.

■ Gradation(그라데이션)

111	112	113	114	115

■ Separation(세퍼레이션)

■ Repetition(리피티션)

■ Tone in Tone(톤인톤)

■ Tone on Tone(톤온톤)

■ Multi color(멀티컬러)

실습 11 감정효과에 의한 배색

다음 빈칸에 알맞은 감정효과에 따른 색상을 정하여 배색하시오.

■ 온도감

난색

한색

■ 흥분과 침정

흥분색

침정색

■ 진출과 후퇴

■ 부드러움과 딱딱함

부드러운색						
딱딱한색						

■ 팽창과 수축

팽창색						
수축색						

실습 12 공감각에 의한 배색

■ 다음 빈칸에 **'단맛'** 이 연상되도록 배색하시오.

■ 다음 빈칸에 **'짠맛'** 이 연상되도록 배색하시오.

■ 다음 빈칸에 **'신맛'** 이 연상되도록 배색하시오.

■ 다음 빈칸에 **'쓴맛'** 이 연상되도록 배색하시오.

■ 다음 빈칸에 **'인삼'** 에서 느껴지는 향기가 연상되도록 배색하시오.

■ 다음 빈칸에 **'라일락꽃 향기'** 가 연상되도록 배색하시오.

■ 다음 빈칸에 진한 **'머스크 향기'** 가 연상되도록 배색하시오.

■ 다음 빈칸에 병원에서 사용하는 **'소독약 냄새'** 가 연상되도록 배색하시오.

■ 다음 빈칸에 박하의 **'시원한 향기'** 가 연상되도록 배색하시오.

■ 다음 빈칸에 소리와 색채가 잘 연결될 수 있도록 배색하시오.

날카롭고 예리한 음

탁음

마찰음

낮은 중저음

다정다감한 목소리

똑똑한 말소리

■ 다음 빈칸에 형태와 색채가 잘 연결될 수 있도록 배색하시오.

날카롭고 각진 형태

둥글고 부드러운 형태

실습 13 형용사 이미지 배색

다음 빈칸에 알맞은 형용사에 따른 색상을 정하여 배색하시오.

■ 귀여운

■ 경쾌한

■ 다이나믹

■ 모던한

■ 맑은

■ 내추럴

■ 우아한

■ 화려한

■ 은은한

■ 점잖은

■ 고상한

실습 14 트렌드별 이미지 배색

다음 빈칸에 알맞은 트렌드별 배색이 되도록 알맞은 색상을 배색하시오.

■ 고전주의(Classicism)

이미지맵핑

■ 로하스(Lohas)

이미지맵핑

■ 빈티지(Vintage)

이미지맵핑

■ 아방가르드(Avant-garde)

이미지맵핑

■ 에스닉(Ethnic)

이미지맵핑

■ 포클로어(Folklore)

이미지맵핑

■ 하이테크(High-tech)

이미지맵핑

실습 15 한국의 전통색

■ 다음 빈칸에 알맞은 색으로 배색하시오.

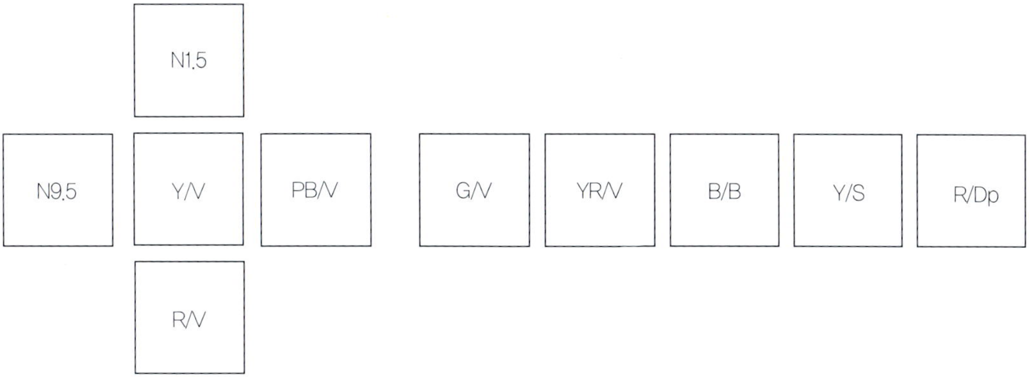

■ 다음 빈칸에 한국 전통 **'조각보'** 의 느낌이 나도록 배색하시오.

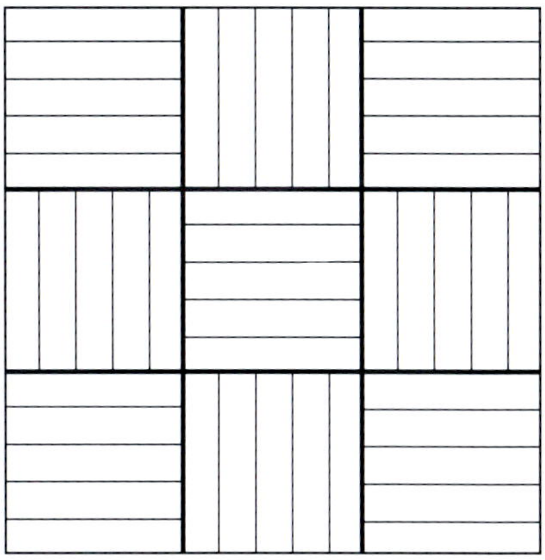

■ 다음 빈칸에 **'단청 이미지'** 가 연상되도록 배색하시오.

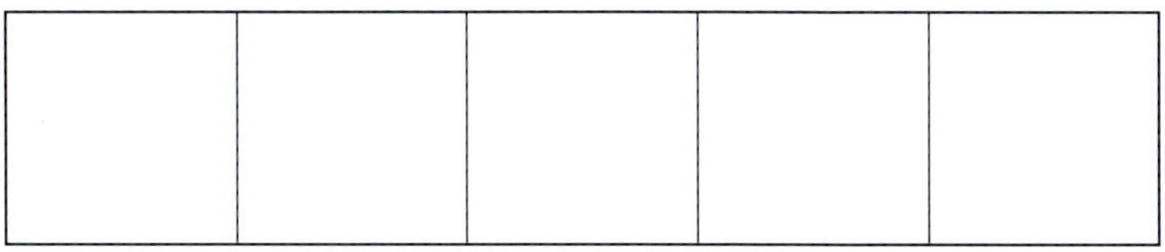

실습 16 색채조화론에 의한 배색

▪ 다음 빈칸에 먼셀의 **'균형의 원리'** 에 근거한 배색이 되도록 하시오.

▪ 다음 빈칸에 파버 비렌의 'Color-Tint-White' 에 근거한 배색이 되도록 하시오.

▪ 다음 빈칸에 파버 비렌의 'Tint-Tone-Shade' 에 근거한 배색이 되도록 하시오.

▪ 다음 빈칸에 슈브뢸의 **'유사의 조화'** 에 근거한 배색이 되도록 하시오.

■ 다음 빈칸에 슈브뢸의 **'대조의 조화'** 에 근거한 배색이 되도록 하시오.

■ 다음 빈칸에 저드의 **'공통성의 원리'** 에 근거한 배색이 되도록 하시오.

■ 다음 빈칸에 저드의 **'명료성의 원리'** 에 근거한 배색이 되도록 하시오.

실습 17 케이크 데코레이션 색채계획

Color Plan

색채이미지

1) 배색의도

2) 주조색, 보조색, 강조색 선정

주,보,강	주,보,강	주,보,강	주,보,강	주,보,강	주,보,강	주,보,강	주,보,강	주,보,강	주,보,강

3) 주조색, 보조색, 강조색 선정 기준

■주조색 선정기준

■보조색 선정기준

■강조색 선정기준

■면적비례표

실습 18 테이블 데코레이션 색채계획

Color Plan

색채이미지

1) 배색의도

2) 주조색, 보조색, 강조색 선정

주,보,강	주,보,강	주,보,강	주,보,강	주,보,강	주,보,강	주,보,강	주,보,강	주,보,강	주,보,강

3) 주조색, 보조색, 강조색 선정 기준

■ 주조색 선정기준

■ 보조색 선정기준

■ 강조색 선정기준

■ 면적비례표

실습 19 롤(roll) 스타일링

Color Plan

색채이미지

1) 배색의도

2) 주조색, 보조색, 강조색 선정

주,보,강	주,보,강	주,보,강	주,보,강	주,보,강	주,보,강	주,보,강	주,보,강	주,보,강	주,보,강

3) 주조색, 보조색, 강조색 선정 기준

■주조색 선정기준

■보조색 선정기준

■강조색 선정기준

■면적비례표

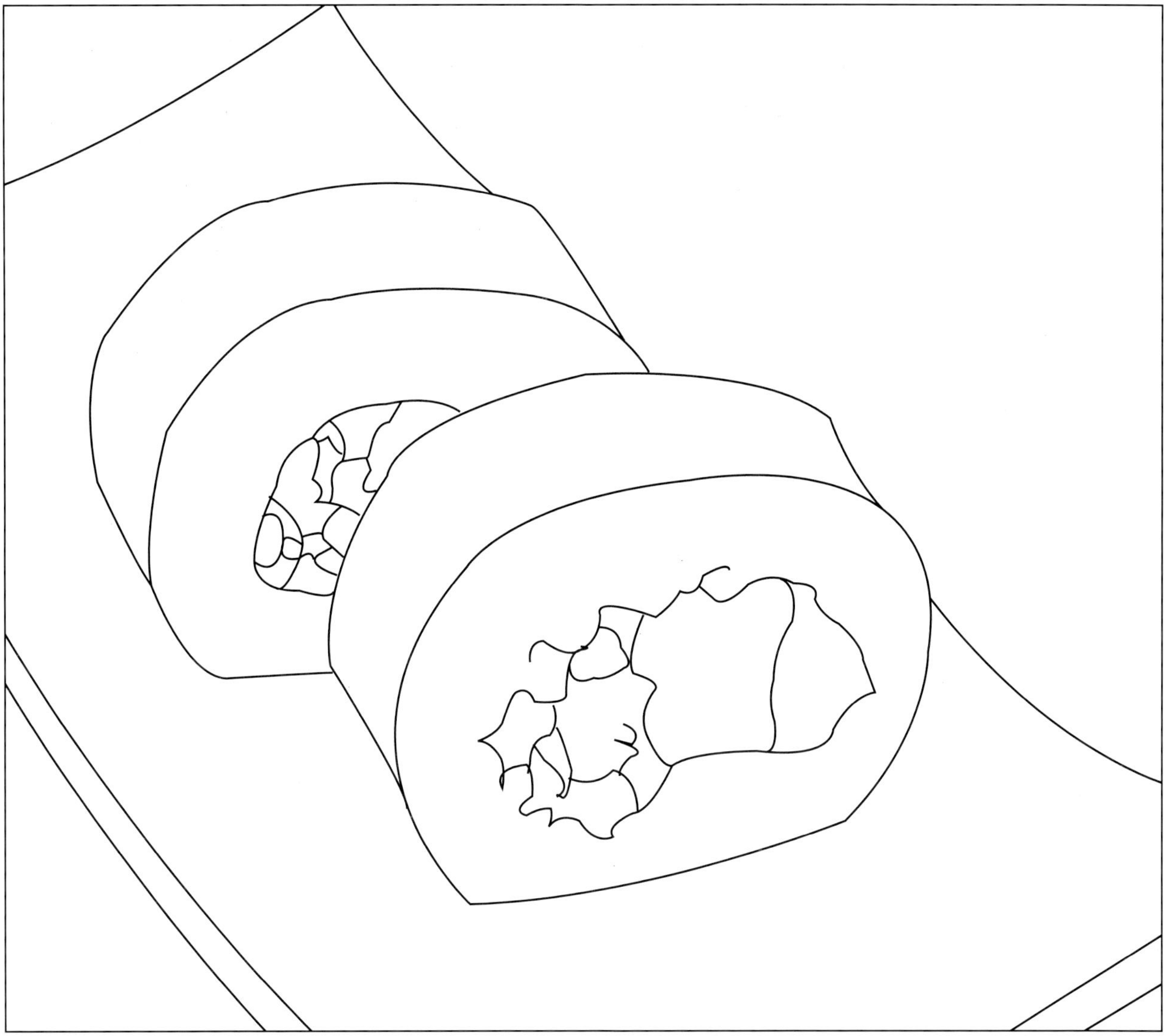

실습 20 만두(딤섬) 스타일링

Color Plan

색채이미지

1) 배색의도

2) 주조색, 보조색, 강조색 선정

주,보,강	주,보,강	주,보,강	주,보,강	주,보,강	주,보,강	주,보,강	주,보,강	주,보,강	주,보,강

3) 주조색, 보조색, 강조색 선정 기준

■ 주조색 선정기준

■ 보조색 선정기준

■ 강조색 선정기준

■ 면적비례표

실습 21 회 스타일링

Color Plan

색채이미지

1) 배색의도

2) 주조색, 보조색, 강조색 선정

주,보,강	주,보,강	주,보,강	주,보,강	주,보,강	주,보,강	주,보,강	주,보,강	주,보,강	주,보,강

3) 주조색, 보조색, 강조색 선정 기준

■ 주조색 선정기준

■ 보조색 선정기준

■ 강조색 선정기준

■ 면적비례표

찾·아·보·기

Index

ㅂ

ㅅ

ㅎ

참·고·문·헌

1. 김광오 외 6인, 『푸드 코디네이터』, 교문사, 2005.

2. 김경미, 김경임, 유현석 지음, 『색채와 푸드 스타일링』, 교문사, 2006.

3. 길라 발라스 지음, 『현대미술과 색채』, 궁리, 2001.

4. NAOMI KINO 외 지음, 문은배 옮김, 『컬러와 이미지』, 국제, 2002.

5. 루돌프 슈타이너 지음, 『색채의 본질』, 물병자리, 2000.

6. Roy S. Berns 지음, 조맹섭 외 옮김, 『색채학 원론』, 시그마프레스, 2003.

7. 박연선 지음, 『색채용어사전』, 예림, 2007.

8. 박영순 외, 『색채와 디자인』, 교문사, 1998.

9. 박현일, 최재영 공저, 『색채학 사전』, 도서출판국제, 2006.

10. 빅토리아 핀레이 지음, 『컬러여행』, 아트북스, 2005.

11. 스에나가 타미오 지음, 『색채심리』, 예경, 2001.

12. IRI색채연구소, 『어떤색이 좋을까 Color Combination』, 영진닷컴, 2003.

13. 이선호, 이은경, 김민기 지음, 『컬러리스트실기시험 완벽가이드』, 미진사, 2008.

14. 요하네스 이텐 지음, 김수석 옮김, 『색채의 예술』, 지구문화사, 1976.

15. 파버 비렌 지음, 김진한 옮김, 『색채의 영향』, SIGONGART, 1995.

16. 한국색채학회, 『컬러리스트 실기편』, 도서출판국제, 2002.

저 · 자 · 소 · 개

김민기
- (現)용인송담대학 문화예술학부 컬러리스트전공 겸임교수
- 안양과학대학 식품영양전공- '색채와 푸드스타일링' 강의 중
- 김포대학, 수원여자대학 등 출강
- 인컬러디자인연구소 소장
- 홍익대학교 색채전공 박사과정
- 중앙대학교 예술대학 서양화과 및 동대학원 졸업
- 경력
  - 우송정보대학, 김천과학대학, 극동정보대학 강사 역임
- 저서
  - 컬러리스트 실기시험 완벽가이드(미진사)
  - 컬러리스트 한권으로 끝내기(시대고시기획)

조효현
- 안양과학대학 식품영양과 교수
- 동국대학교 식품공학과 학사 석사 박사
- 경력
  - 컬러리스트(조색사) 기사
  - 수산제조기사
  - 제과 제빵기능사
  - 케익디자이너
  - 베이킹마스터

허 정
- (現)안양과학대학 푸드스타일링과 학과장
- 경기대학교 관광전문대학원 식공간연출 전공
- 경력
  - 그랜드 인터컨티넨탈호텔 조리부 차장 역임
  - Sydney Intercontinental Hotel 연수
  - Hongkong Intercontinental Hotel 연수
  - 우송대학교 외식조리학과 강사 역임
  - 한국 산업인력공단 전국기능경진대회 및 국가대표선발 평가대회 검토위원 역임
  - 서울 세계음식박람회 심사위원 역임
  - Black Box 요리경진대회 대상 수상
  - 서울국제요리경진대회 금상 수상
  - 싱가포르 국제요리경진대회 국가대표 동상 수상
  - 서울특별시, 문화관광부 장관 표창장 수상
  - 조리기능장

COLOR
&FOOD
STYLING 색채와 푸드스타일링

인 쇄 : 2009년 3월 5일
발 행 : 2009년 3월 15일

지은이 : 김민기 · 조효현 · 허 정
발행인 : 김홍용
발행처 : 도서출판 효 일

주 소 : 서울시 동대문구 용두동 102-201
전 화 : 02)928-6644
팩 스 : 02)927-7703
홈페이지 : www.hyoilbooks.com
e-mail : hyoilbooks@hyoilbooks.com
등 록 : 1987년 11월 18일 제 5-90호

정가 19,000원
ISBN 978-89-8489-257-6